Der Freistaat der Drei Bünde

Seine große Bedeutung im europäischen Geschehen

Dieses Heft ist der Katalog
einer Ausstellung in der Chesa Planta Zuoz
Konzept: Tino Walz, Zuoz

Durch freundliche und unbürokratische Hilfe
wurde meine Arbeit unterstützt. Ich danke
dem Rätischen Museum, der Kantonsbibliothek Graubünden,
dem Archäologischen Dienst, Chur
sowie dem Bayerischen Landesamt für Denkmalpflege, München

D1694010

1. Auflage, 3 Tausend 2000
Verlag »Exposiziun«, CH−7524 Zuoz,
Chesa Planta
Herausgeber: Tino Walz, Zuoz
Alle Rechte vorbehalten
Druck Heft 6A:
Walter Gammeter Graphische Unternehmung
St. Moritz AG, CH−7500 St. Moritz
ISBN 3-9521557-5-6
Druck Heft 6B:
ESTA Druck GmbH, D−82398 Polling
ISBN 3-9521557-6-4
Satz und Layout: Christine Wieser, Salzburg,
und Eva Spensberger, München
Vertrieb: Calanda Verlag, CH−7000 Chur

Titelbild: GABRIEL DE GABRIELI, Schabkunstblatt
von Jakob Haid nach einer Zeichnung von
Johann Georg Bergmüller, um 1740.

Umschlagrückseite: Schloss Lustheim bei München,
Detail der Vedute des kurfürstlichen Hofmalers
Franz Joachim Beich, 1718.

Eva Spensberger
Graubündner Baukünstler:
Kulturtransfer über die Alpen

Der Freistaat der Drei Bünde:
Seine grosse Bedeutung im europäischen Geschehen

Vorwort von Tino Walz, Zuoz

Ist dieser Titel zu hoch gegriffen oder nur relativ zu seiner bescheidenen Grösse und unwirtlichen Natur zu bewerten? Ich glaube nicht. Die Bedeutung für das Geschehen im mitteleuropäischen Raum und Kräftespiel ist von absolutem Gewicht. Die unzähligen Bäche und Flüsse verbinden diesen Alpenabschnitt mit vier großen Stromläufen – Rhein, Donau, Po und Etsch, welche in drei Meere verschiedener Bedeutung münden. Die alpinen Verkehrsadern in der Nord-Süd-Richtung, aber auch die Querverbindungen West-Ost folgen diesen Flüssen bis hinauf zu den sagenumwobenen Quellen und Gletschern. Sie verflechten dieses Land mit der europäischen Welt, mit ihren Problemen in Friedens- und Kriegszeiten.

Dank seiner Offenheit in jeder Richtung wird das Land zum Schmelztiegel der Kulturen, wobei es diese jeweils in die eigene Sprache umformt. Das Land kann aber auch, Dank seiner Gebirge, ein ruhender Fels, eine Zuflucht sein inmitten von Umwälzungen und Zerstörung.

Die Völkerwanderung hat diesen Teil Rätiens nicht wesentlich zu verändern vermocht. Es blieb christlich und war nicht ein zu missionierendes Volk wie die neuen Nachbarvölker – die Burgunder, Alemannen, Bajuwaren und Langobarden. Römisch-christliches Recht und die lateinische Sprache überlebten im Churer Bischofsstaat und in der fürstlichen Benediktinischen Abtei Disentis.

Das Land der 150 Täler war im Wechselspiel nicht nur aufnehmend, sondern auch weit über die Grenzen hinaus handelnd. Militärisch war es – das Gleichgewicht wahrend – in allen Nachbarmächten vertreten, besonders in Frankreich, Holland und Venedig. Seine gewerblichen und kaufmännischen Erfolge begründeten sich auf Fleiss und Zuverlässigkeit, zeugten von vielfältiger Begabung und wachem Blick, neue Tätigkeitsfelder, selbst wenn sie weit entfernt lagen, zu erschliessen.

Die Bedeutung auf dem weiten Feld der Kunst ist besonders erstaunlich. Die architektonischen Werke und damit verbunden die dekorativen Künste hoben die „Baukünstler" – gleich wie die hohen Offiziere und Hofkapellmeister – in hohe gesellschaftliche Positionen an den fürstlichen Höfen. Marschälle und Oberste sowie Baumeister brachten Ruhm, Reichtum und Lebensstil in die karge Bergwelt.

Diese Ausstellung soll keine Gedächtnisausstellung über vergangene „Herrlichkeit" sein. Die europäische, insbesondere die mediterrane Kultur hat viele Erscheinungsstufen durchlebt. Sie zeichnet sich durch zeitbedingte Entwicklung, basierend auf dreitausendjähriger Vergangenheit, aus. So sind denn in zeitgemässem Gewand die vier dargestellten Eigenschaften und Aktivitäten auch heute noch die Stärke der Eidgenossenschaft, in die der Kanton Graubünden mit seiner Geschichte und künstlerischen Begabung eingefügt ist.
Es sind dies: eine dynamische Neutralität, gefestigt und glaubhaft gemacht durch die militärische Bereitschaft, damit verbunden der Zufluchtsort für Freidenkende oder politisch Bedrohte. Die Schweiz war oft „Warteraum" für viele, bis die Macht einer Doktrin gescheitert war.

Weiter die Bewahrung der vielfältigen Eigenheiten im inneren Gefüge und deren Schutz vor auswärtigen Einflüssen oder gar Einmischungen. Neutralität und Unabhängigkeit können etwas Aktives sein und anspornende Bereicherung.

Deshalb kann die Schweiz Sitz weltweit wirkender übernationaler Organisationen sein. Sie ist immer noch Treffpunkt für internationale, politische, wirtschaftliche und humanitäre Gespräche. Die wirtschaftlichen Erfolge basieren nicht auf naturgegebenem Reichtum, sondern auf dem Ausbau intellektueller Disziplinen.

Und weil es keine staatliche ideoligische Bevormundung gibt, hat sich auch das ortsgeprägte künstlerische Schaffen Ansehen verschafft; in der Architektur, der Malerei, der Musik und dem Theater. Auf diesem Felde menschlichen Wirkens hat sich die Schutzfunktion, die Asylgewährung als besonders fruchtbar erwiesen. Die ausgeprägte demokratische Staatsform mit föderalistischer Gliederung und weitestgehender Volksrechte, wie sie kein anderes Land kennt, ist weiterhin in der neuen Verfassung von 1998 gefestigt.

Bundesverfassung der Schweizerischen Eidgenossenschaft

Präambel

Im Namen Gottes des Allmächtigen!
Das Schweizervolk und die Kantone,
in der Verantwortung gegenüber der Schöpfung,
im Bestreben, den Bund zu erneuern, um Freiheit
und Demokratie, Unabhängigkeit
und Frieden in Solidarität und Offenheit gegen-
über der Welt zu stärken,
im Willen, in gegenseitiger Rücksichtnahme und
Achtung ihre Vielfalt in der Einheit zu leben,
im Bewusstsein der gemeinsamen Errungenschaf-
ten und der Verantwortung gegenüber
den künftigen Generationen,
gewiss, das frei nur ist, wer seine Freiheit
gebraucht, und dass die Stärke
des Volkes sich misst am Wohl der Schwachen,
geben sich folgende Verfassung.

La Republica da las Trais Lias:
Sia gronda impurtanza en il context europeic

Prùefaziun da Tino Walz, Zuoz

É quest titel memia ambizius u sto el vegnir giuditgà be en moda relativa a la grondezza modesta ed a la natira criva dal pajais? Jau na crai betg. Per ils eveniments ed il gieu da las forzas en l'Europa centrala è la regiun d'impurtanza absoluta. Ils nudumbraivels uals e flums collian questa part da las Alps cun ils gronds currents – il Rain, il Danubi e l'Etsch che sbuccan en trais mars da different'impurtanza. Las vias da traffic alpinas en direcziun nordsid, ma era las colliaziuns lateralas vest-ost suondan quests flums fin a las funtaunas ed als glatschers legendars. Ellas entretschan quest pajais en il mund europeic, cun ses problems en temps da pasch e da guerra.

Grazia a sia avertura en tuttas direcziuns daventa quest pajais ina luentera da las culturas, transfurmond mintgamai quellas en l'agen linguatg. Grazia a sias muntognas po il pajais dentant era esser in grip da paus, in refugi amez las midadas e destrucziuns. La migraziun dals pievels nun ha purtà grondas midadas en questa part da la Rezia. Ella è restada cristiana e ses pievels nun era da missiunar sco ils pievels vischins, ils Burgognais, ils Alemans, ils Bavarais ed ils Langobards. Il dretg roman-cristian e la lingua latina han surviv" en il stadi episcopal da Cuira ed en l'abazia benedictina dal prinziavat da Mustér.

Il pajais da las 150 valladas è stà alternantamain receptiv ed activ lunsch sur ses cunfins. Sin champ militar era el represchentà – mantegnend l'equiliber – en tut las pussanzas vischinas, surtut en Frantscha, en Ollanda ed a Venezia. Ses success industrial e commerzial sa basa sin la diligenza c la credibilitad. El è ina perditga da blers talents e d'ina egliada viva per champs d'activitad innovativs, era sche quels eran da chattar lunsch davent da la patria.

Surprendent è surtut l'impurtanza en il vast champ da l'art. Las ovras architectonicas ed ensemen cun quellas ils arts decorativs han dauzà ils „maisters construiders" – gist sco ils auts uffiziers ed ils dirigents da la curt – en autas posiziuns socialas a las curts dals prinzis. Ils marschals ed ils colonels ed era ils architects han purtà reputaziun, ritgezza e stil da viver en il stgars mund alpin.

Quest'exposiziun na duai esser in'exposiziun da commemoraziun davart la "gloria" dal passà. La cultura europeica, surtut la mediterrana, è sa manifestada en il decurs dal temp sin divers nivels. Ella sa distingua tras in svilup cundiziunà dal temp, sa basond sin in passà da traimilli onns.

En vestgì modern èn las quatter qualitads ed activitads numnadas era oz anc la fermezza da la Confederaziun, en la quala è integrà il chantun Grischun cun sia istorgia e sias abilitads artisticas. Quai èn: la neutralitad dinamica, consolidada e rendida vardaivla tras la prontezza militara en cumbinaziun cun il refugi per umans da liber pensar u periclitads politics. La Svizra è savens stada „sala da spetga" per blers, finche la pussanza d'ina ductrina aveva fatg naufragi.

Plinavant il mantegniment da las particularitads multifaras en l'intern e la protecziun da quellas cunter influenzas u schizunt intervenziuns dad ordaifer. La neutralitad e l'independenza pon esser insatge activ ed in enritgiment stimulant.

Perquai po la Svizra esser la sedia d'organisaziuns supranaziunalas activas sin l'entir mund. Ella è anc adina il lieu da scuntrada per discussiuns internaziu nalas, politicas, economicas ed umanitaras. Ils success economics na sa basan betg sin ina ritgezza natirala, mabain sin il svilup da disciplinas intellectualas.

Siond ch'i na dat nagina avugadia ideologica statala, ha era la lavur artistica tipic dal lieu sa fatg in num, en l'architectura, la pictura, la musica ed en il teater. Sin ques champ d'activitads umanas è la funcziun da protecziun, la pratica d'asil sa mussada sco spezialmain fritgaivla.

La furma statala extremamain democratica cun ina structuraziun federalistica e dretgs dal pievel fitg vasts, sco quai che nagin auter pajais n'als conuscha, è francada era en la nova Constituziun da 1998.

Constituziun federala da la Confederaziun svizra

Preambel

En num da Dieu il tutpussent!
Il pievel svizzer ed ils chantuns,
en lur responsabladad envers la creaziun,
cun l'intenziun da renovar la lia, per mantegnair
la libertad e la democrazia,
l'independenza e la pasch en solidaritad ed avertadad vers il mund,
cun la voluntad da viver lur varietad en l'unitad
en toleranza e respect vicendaivel,
conscients da las prestaziuns communablas e da la
responsabladad envers las
generaziuns futuras,
savend che liber è be quel che dovra sia libertad,
e che la fermezza dal pievel
sa mesira vi dal bainstar dals flaivels,
sa dattan la sequenta constituziun.

Vorwort

Der Titel des Katalogs »Graubündner Baukünstler: Kulturtransfer über die Alpen«
besagt, dass die Bedeutung der aus einem
Südschweizer Bergtal stammenden Baumeister und Stuckateure in ihrer zisalpinen
Tätigkeit liegt. Die Bandbreite ihrer Baukunst reicht von der Errichtung schlichter
Dorfkirchen über den Entwurf repräsenta-
tiver Kloster- und Schlossanlagen hin zur
Innenausstattung prunkvoller Residenzen.
Die in der Barock- und Rokokozeit emigrierten Baukünstler hinterließen in Mittel-
und Osteuropa einzigartige Denkmäler und
verliehen damit den nördlichen Städten ein
unverwechselbares südliches Flair.

Doch wer waren die Graubündner Baukünstler, die aus ihrer Heimat fortgingen,
um italienische Architekturtradition mittels
perfekter Handwerkskenntnisse über die
Alpen zu bringen? Ziel dieses Buches ist,
nicht nur die wichtigsten Denkmäler zu zi-
tieren, sondern auch die Persönlichkeit des
Bauhandwerkers und sein Schicksal greifbar zu machen sowie dessen Aufstieg in
höhere gesellschaftliche Schichten zu ver-
deutlichen.

Die Studie erhebt keinen Vollständig-
keitsanspruch, die Auswahl der Künstler-
persönlichkeiten und der Baudenkmäler erfolgte nach eigenem Ermessen.

Ich danke allen, die mich bei meiner
Arbeit unterstützt haben, besonders Felix
Schaut, Christine Wieser, Ernst Höntze und
Sabine Tönnies. Herrn Tino Walz, der das
Projekt initiierte und mir stets hilfreich zur
Seite stand, bin ich zu großem Dank ver-
pflichtet.

Eva Spensberger

Inhalt

»Der Himmel schon südlich, die Luft aber frisch«

Woher kamen die berühmten Bündner Baukünstler mit den italienischen Namen? Sie stammten alle aus einem einzigen Tal im südwestlichen Graubünden, aus dem italienisch besiedelten unteren »Valle Melsocina«, zu deutsch Misox, mit den Gemeinden Roveredo und S. Vittore sowie im abzweigenden, hoch gelegenen Calancatal. Ihre Heimat verließen sie, um in der Ferne ihr Glück zu suchen; sie arbeiteten in fremden Diensten als Maurer, Architekten, Steinmetze, Poliere, Stuckateure, Bildhauer und Maler. Ihr künstlerischer Ruhm war einmalig und begründete sich erst durch die Tätigkeit im nördlichen Ausland.

Das Misox wurde vom 12. Jahrhundert an bis 1480 von den Freiherren von Sax regiert, die im Schloss von Mesocco auf dem felsigen Hügel, der das Tal nach Süden zu verriegelt, residierten. Schon im Mittelalter zeichnete sich unter der adeligen Herrschaft zum einen eine sprachliche und kulturelle Öffnung dieser bäuerlichen Alpenregion zum südlichen Tessin und der benachbarten Lombardei ab sowie zum anderen eine politische Bindung an den Norden – die Familienmitglieder waren treue Verbündete der deutschen Kaiser.

Das Kastell war eine Sperrburg, von der aus die Freiherren das Tal kontrollierten und den Zugang zum Pass unterbinden konnten. Diese herausragende Stellung veranlasste die Bündner 1526, selbst die Burg zu zerstören, damit sie nie ein Eindringling zu seinem Stützpunkt machen und das Tal und seine Bewohner beherrschen könne.

Die mittelalterliche Burgruine von Mesocco markiert die Klimagrenze: Nördlich des Kastells findet man robuste Alpenvegetation, südlich davon wachsen Feigenbäume und Palmen.

EIL WAGEN

von Chur über Chiavenna & Como nach Mayland & viceversa in 36 Stunden, durch ihre Verbindungen schnellste & bequeme Reise aus Deutschland nach Italien.

von Abys & Bauer in Chur

von Chur nach Mayland zahlt die Person, frey Verpflegung? Postillions Trinkgelder &40 u Gepäcke f. 25.30. Rheinisch oder francs 55.

Abreise	Ankunft
von Chur, Sonntag morgen um 4 uhr.	in Mayland, Montag abend um 4 uhr.
von Mayland, Dienstag morgen um 7 uhr.	in Chur, Mittwoch abend um 7 uhr.

ADRESSEN

in Chur, im Bureau des Maylander Wagens, oder im Gasthofe der Post.
in Mayland, in Reichmanns Gasthofe, Corso di Porta Romana.
N. 4203.

Anzeige für die Postwagenlinie Chur – Splügen – Mailand. Die Eilpostlinie war erst 1823 eröffnet worden und die Reisenden brauchten für die Strecke nur eineinhalb Tage.

Der San-Bernardino-Pass

Die Kontakte der im Tal ansässigen Bündner entsprachen den geographischen Verhältnissen und wirtschaftlichen Interessen: Als Wächter über einen wichtigen, schon von den Römern benutzten Pass, der zwei durch die Alpenbarriere getrennte Kulturlandschaften verband, war dieses Tal beiden Richtungen zugewandt. Durch einen stetig wachsenden Handelsaustausch über die Alpen frequentierten zahlreiche Passgänger in der Kutsche, mit Lasttieren oder zu Fuß die Strecke Chur – San Bernardino – Bellinzona. Die Talbewohner profitierten von dem Güterverkehr der Nord-Süd-Achse und hatten früh Austausch mit deutschsprachigen Händlern: Der größte Jahrmarkt »Fiera di San Gallo«, der alljährlich im Oktober in Roveredo stattfand und bei dem lombardische und süddeutsche Kaufleute zusammenkamen, gewann für die ganze Region zunehmend an Bedeutung.

Die Gemeinde Misox kontrollierte die Passstrecke und garantierte einen reibungslosen Handelsverkehr. Im Winter wurden sogar eigens zwei Mesner in San Bernardino eingestellt, welche die Aufgabe hatten,

durch Sicherung der Markierungspfähle, Räumen des meterhohen Schnees und Läuten der Glocke der Kapelle San Bernardino den Passgängern das Überqueren zu erleichtern. GIOVANNI DOMENICO BARBIERI, der von 1720–64 zehnmal nach Roveredo zurückgekehrt ist, berichtet in seinem Tagebuch, dass er zuerst zu Fuß über den meist eisig gefrorenen Pass gegangen, und erst später, mit zunehmendem Wohlstand, auf dem eigenen Pferd geritten war. Doch nie habe er den Pass ohne Führer überquert.

Oben: Vor dem Bau der Passstraße 1823 trugen Lasttiere das Reisegepäck über die Berge. Nach einem Kupferstich von J. A. Klein, 1820.

Mitte: Passhöhe des San Bernardino mit Hospiz und Moesolasee. Hier scheiden sich Sprache und Kultur. Aquatinta von J. J. Meyer, 1825.

Unten: Links der barocke Neubau La Rotonda, rechts die Kapelle San Bernardino, die der Misoxer Herrscher Gian Giacomo Trivulzio zu Ehren des 1450 heilig gesprochenen Bernardino da Siena bauen ließ. Die Kapelle gab Pass und Ort auf 2065 Meter Höhe den heutigen Namen.

St. Stephan in Tiefencastel im südlichen Teil des Albulatals, Graubünden. Die klare plastische Gliederung des Außenbaus mit seiner prächtigen Fassade ist weithin sichtbar und stellt ein monumentales Baudenkmal der Gegenreformation dar.

Geschichtlicher Überblick

1480 beschlossen die Gemeinden Soazza und Mesocco aus Sicherheitsgründen den Beitritt zum »Grauen Bund«, der nach der grauen Kleiderfarbe der Bündner benannt war und zu dessen Gründern die Familie von Sax zählte.

Das Misox wurde letztendlich das achte und letzte Hochgericht dieses Bundes, der sich aus rätoromanischen und deutschsprachigen, also zisalpinen Gemeinden, zusammensetzte.

Der Mailänder Gian Giacomo Trivulzio, der vom Herzog Galeazzo Sforza als Unterhändler eingesetzt worden war, erwarb von der mittlerweile hoch verschuldeten Familie von Sax die Rechte über die Melso-cina und das Calancatal für 16 000 Golddukaten. Die übrigen Kommunen des Misox traten 1496 dem »Grauen Bund« bei, der sich um 1536 mit anderen rätischen Alpentälern zum »Freistaat der Drei Bünde« zusammenschloss. Gemäß dieser Bündnispolitik wurde die bis dahin lombardisch geprägte Rechtssprechung durch deutsche Gesetze ersetzt, ebenso wurde die Verkehrs- und Amtssprache Deutsch. Damit wurde das ganze Misox Teil des Dreibündestaates; die Verbindung zur Alpennordseite besteht bis heute.

1549 erkauften sich die Melsolcinesi und Calanchini für 24 500 Golddukaten die politische Freiheit und Unabhängigkeit von Gian Giacomo Trivulzio und unterzeichneten die »Magna carta della libertà moesana«.

Im Zuge der einsetzenden Gegenreformation gelang es dem Kardinal Carlo Borromeo, die Obrigkeit von der Notwendigkeit zu überzeugen, Hexenverbrennungen durchzuführen: Zwischen 1583 und 1740 wurde Hunderten von Misoxern der Prozess gemacht, vielen gelang aber die Flucht über die Alpen.

Zeitgleich mit dem Beginn des Dreißigjährigen Krieges in Mitteleuropa brachen 1618 die Bündner Wirren (»Torbidi Grigoni«) aus, die bis 1623 anhielten. Es handelte sich dabei um eine von religiösen Motiven getragene kämpferische Auseinandersetzung, die zusätzlich von politischen Interessen genährt wurde.

Zu Beginn des 18. Jahrhunderts entflammten in der unteren Melsocina und im Calancatal religiöse Kämpfe zwischen den verfeindeten Parteien der »Fratisti« (eingewanderte Kapuziner) und »Pretisti« (einheimische, oft arbeitslose Priester), die die Sympathien des Bergvolk teilten. 1704 gründete der Architekt Antonio Riva in seinem Heimatort Roveredo mit dem Geld, das er im Ausland verdient hatte, ein großes Kapuzinerhospiz und schürte damit die Streitereien.

Erst im 19. Jahrhundert legten sich allmählich die Unruhen und das Misox wurde im Jahr 1803 mit dem Kanton »Graubünden« als Teil der Schweizerischen Eidgenossenschaft vereinigt.

Graubündner Barockkirchen

Nicht nur im Ausland, sondern auch im Herkunftsland zeugen hochrangige Baudenkmäler von der bedeutsamen künstlerischen Vergangenheit der Bündner. Auffallend sind die zahlreichen imposanten Dorfkirchen mit wertvoller Barockausstattung entlang der Julierroute, an deren Entstehung auch Misoxer Meister mitgewirkt haben: z. B. in den Ortschaften Savognin, Tinizong, Mon und Tiefencastel.

So wurde die vom Kapuzinerorden aus der Provinz Brescia übernommene Gemeinde Tiefencastel zum Ausgangspunkt der Gegenreformation in Mittelbünden. Die Fertigstellung des qualitätvollen barocken Kirchenbaus St. Stephan erfolgte 1652 durch einheimische Meister; der Vertrag nennt hingegen als Stuckateure GIOVANNI GIULIANI, seinen Neffen Simone und GIOVANNI (BATTISTA) ZUCCALLI aus dem Misox sowie als Freskant den ebenso dort ansässigen GIULIO ANDREOTTO.

Im Inneren der Moner Kirche spiegeln die farbigen Altäre den barocken Geist wider. Die Stuckaturen stammen von einem Misoxer Meister.

Die benachbarte Gemeinde Mon war dem Kapuzinerorden in Tiefencastel unterstellt; die Moner Pfarrkirche St. Franziskus wurde 1643–48 von GIULIO RIGAGLIA aus Roveredo erbaut. Der hohe, mächtige Barockbau trägt ein tief heruntergezogenes Satteldach und bildet mit dem angrenzenden Pfarrhaus eine stilistische Einheit.

Motive der Auswanderung

Die Chancen der Misoxer auf eine ertrag-
reiche Zukunft in der Heimat waren einge-
schränkt: Infolge der kargen, begrenzten
Anbaufläche im engen Alpental und der
stets wachsenden Bevölkerung – es gab
dort keine Dezimierung durch Pestepide-
mien – sahen sich unzählige, meist männli-
che Misoxer zur Emigration ins Ausland
gezwungen. Sie verließen die Heimat, um
ihre Not zu lindern und die persönliche
Existenzgrundlage und die ihrer Familie zu
verbessern. Während die Tessiner überwiegend in Italien nachzuweisen sind, zogen
die meisten Bündner aus politischen Gründen über den San-Bernardino-Pass in nörd-
liche Gebiete. Nur sehr wenige wanderten
in den Süden: Nicht einmal 10 Prozent der
Auswanderer, 70 von insgesamt 900 Misoxer Bauleuten, wählten ein Arbeitsleben im
lombardischen Tessin und am Comer See.

Addio paese del silenzio,
abeti religiosi!
Nel partire mi sembra
che della vita cada una foglia
ancor vegeta e verde. Mi leggeva
forse nel cor l'attonita capretta,
che testè da una balza mi guardava
immobile. Quassù resta, lo sento
una parte di me.
Stetti sul ponte della Moesa un'ora.
Un sassolinovi raccolsi a memoria.
Addio montagne!

Leb wohl, du Land des Schweigens,
Lebt wohl, ihr frommen Tannen!
Beim Abschied scheint es mir, es falle
ein Blatt von meinem Lebensbaum.
Das Geißlein sah es wohl, das mich
vom Stein beschaute.
Hier oben bleibt, ich fühl es,
ein Teil von mir zurück.
Ich blieb wohl eine Stunde
auf der Moësabrücke und
hob ein Steinchen auf zum Angedenken.
Lebt wohl, ihr Berge!

Antonio Fogazzaro (1842–1911)

Die Emigration der Misoxer Bauhandwerker und -künstler lässt sich bis ins 15. Jahrhundert zurückverfolgen, die größte Auswanderungswelle ist jedoch im Barock vom
17. bis zum beginnenden 18. Jahrhundert
zu verzeichnen. So werden im Jahre 1701
von der Misoxer Gesamtbevölkerung von
1013 Einwohnern 143 Männer als »abwe-
send« oder »emigriert« in den Gemeinde-
büchern registriert, 1773 waren noch 88
von 921 Einwohnern im Ausland tätig.

S. Pietro e Paolo, die Pfarrkirche von Mesocco.

Die charakteristische Schieferplattenbedeckung eines Misoxer Bauernhauses. Die einfacheren Häuser der Bergdörfer sind gar nicht oder nur teilweise verputzt. Das Ortsbild von Roveredo und S. Vittore ist geprägt von Steinhäusern und Steinbrücken, Schiefertafeln und Mauerverbänden.

Rohmaterial »Stein«

Während die Graubündner des oberen Misoxer Tals ihren Lebensunterhalt im nordöstlichen Ausland meist als Kaminfeger, Händler und Glaser bestritten, suchten die Emigranten des unteren Tals, aus Roveredo und S. Vittore, ihren Verdienst im Baugewerbe und Maurerhandwerk. Sie hatten durch den ständigen Umgang mit dem Rohstoff »Naturstein« handwerkliches Geschick erworben und dieses von Generation zu Generation weitergegeben. Im Ausland konnten sie diese Fertigkeiten entsprechend nutzen und sich so langfristig gegen einheimische Konkurrenten durchsetzen.

Steinhauer bei der Arbeit. Neben Holz ist der Rohstoff »Stein« ein natürlicher Reichtum des Tals. Hier lag die handwerkliche Stärke des Misoxers, der als Maurer, Baumeister und Stuckateur im Ausland hoch geachtet war.

Arnoldo Marcelliano Zendralli, einer der
frühesten Forscher über das Phänomen der
Graubündner Baukünstler, versuchte erstmals der einheitlichen Berufsbildung auf
den Grund zu gehen:

»Neben den stattlichen bürgerlichen
Wohnhäusern, die inmitten der ärmsten
Behausungen sich erheben, fällt vor allem
der Reichtum an Mauerwerk auf, das ein
Gut von dem andern trennt, am Ufer der
Flüsse und Bäche sich zum Wuhr häuft und
dort, wo der Hang steil wird, jedes Stück-
lein Erde trägt, als wäre der Berg durch die
Mauern gestützt. Allüberall der Anblick
einer Natur, die den Menschen bedroht
und ihm nur ein karges Brot gewährt. Und
als Abwehr und Hilfsmittel stets der Stein.
Der Einheimische musste das Mauern erlernen, um seine Existenz zu sichern und
zu fristen.«

Steinbrücke im Misoxer Tal.

Der 1690 ausgestellte Handwerksbrief der »Maurer zu Ruffle [Roveredo] und St. Victor [S. Vittore]« bescheinigt Antonius Ritz eine dreijährige Lehrzeit bei Antonio Riva. Das Zeugnis wurde in deutscher Sprache verfasst, damit sich Ritz im Ausland einem fremden Bauherrn empfehlen konnte.

Ausbildung im Maurerhandwerk

Zu Beginn der Auswanderung erfolgte die Wissensvermittlung der Bauhandwerker oft über weite Strecken innerhalb der eigenen Wandermeistergruppe, die zahlreiche Verwandte und Bekannte nach sich zog.

Erst allmählich bildete sich in Roveredo eine Maurergilde, die eine auf die Auswanderung in deutschsprachige Regionen gerichtete Ausbildung vermittelte. Die praktische Lehrzeit spielte sich hauptsächlich auf der Baustelle im Ausland ab, wo dreizehn- bis fünfzehnjährige Lehrjungen Erfahrungen mit Materialien, Techniken und Organisationsarten machten: Nebenbei erfuhren sie den Zusammenhalt der Landsleute. Im Winter kehrten sie in ihre Heimat zurück, um theoretische Kenntnisse zu erwerben und die Schule zu besuchen. Die Vermittlung fand mittels italienischer Architekturtraktate der Renaissance statt, wie anhand von in alten Bauernhäusern von Roveredo und S. Vittore aufgefundenen Büchern (»Regula delle cinque ordini d'Architettura« von Vignola) belegt werden kann.

1635 kamen die ersten Kapuzinermönche in das Misoxer Tal und brachten den Kindern das Lesen bei; bis zu diesem Zeitpunkt herrschte in weiten Teilen der Bevölkerung Analphabetismus. Das so erworbene Wissen hat sich für die Graubündner Emigranten bei der Arbeitssuche im Ausland als äußerst nützlich erwiesen; mitunter besuchten sie dort sogar eine Universität.

Drei in deutscher Sprache verfasste Lehrbriefe, die den Lehrlingen in ausführlicher Art und Weise das notwendige Zeugnis im Hinblick auf die Anstellung im Ausland bestätigten, sind uns erhalten geblieben. Sie geben über die Maurerzunft in Roveredo und die Organisation der Ausbildung Auskunft:

Das oben abgebildete, am 25. Mai 1690 ausgestellte Dokument der »Maurer zu Ruffle [Bezeichnung für Roverdo im deutschsprachigen Raum] und St. Victor« [S. Vittore] bescheinigt Antonius Ritz, Sohn des Maurermeisters Carl Ritz, die dreijährige Lehrzeit bei Antonio Riva.

In einem zweiten Lehrbrief von 1706 wird DOMENICO REGUZZINO als Lehrmeister von ANTONIUS REGUZZINO genannt; darunter setzte erstmals das – nun anerkannte – »Handwerkh der Maurer« ein eigenes Zunftsiegel.

Der unten zitierte, dritte Handwerksbrief von 1713 weist dem Emigranten JOHANNES RIGAGLIA die erfolgreich absolvierte Lehrzeit von drei Jahren aus, die er durch die Gilde bei seinem Vater Giovanni erhielt.

Aus diesem Arbeitszeugnis geht hervor, dass Rigaglia von den »Verordneten und geschworn Maisteren«, vor dem der Meister seine Erklärung abgibt, zum Gesellen freigesprochen wird. Auch hier zeigt der Lehrbrief das eigene Siegel des »Ehrsamen Handwerks der Maurer«; es muss daher angenommen werden, dass im Misoxer Tal die gut organisierte Maurerzunft erst zu Beginn des 18. Jahrhunderts für rechtmäßig erklärt wurde.

Lehrn Brieff für
Johannes Rigaglia
Maurers gesellen
von Roveredo gebürtig
de dato 8. April 1713.

Kund und zu wissen seye hiermit jedermänglich, dass heuth zu entstehendem dato bey unss der zeit verordneten und geschworn maisteren dess ehrsammen handtwerkhs der maurer, benandlichen Johann Pietro Alberthall, Joan Comazi und Anton Sale der ehrbare Johannes Rigaglia unsers Mitmaisters, dan Elisabetha dessen Haussfrauen ehelich erzaigter Sohn erschinen und unss zu vernehmen gegeben was das er wegen seines ehrlich erlehrnten handtwerckhs eines glaubwürdigen scheins und Attestats benothiget seye mit gezimmenden ersuchen ihm dasselbige unter eines ehrsamen Handwerkhs Insigel mit zu thaillen.

Wann wir dan solch billiches ersuchen und begehren nicht abschlagen können, noch sollend, also bezeigen wir hiermit und in crafft disses dass gedachter Johannes Rigaglia am 8ten monatstag Aprilis des ain taussent sibenhundert und zehenden Jahrs bei unseren obgedachten mitmaistern: Johannes Rigaglia als dessen selbst aignen vattren auf drey jahrlang zu erlernen vor offner lade ausgedingt und mit Antoni Giboni dann Domenicus Antroy beedten burgeren und murer meister ze Roveredo, dem Gebrauch nach, zum Handwerkh verbürgt worden und solche drey lehr jahr richtig ausgestanden, in Zeit seiner lehrjahren zu un-

ser und seins vatters contento auch sonstig ohne mänglich beschwert der gebühr nach also verhalten dass einige ungelegenheit oder clag wider denselben vorkommen, nit weniger wass er einem ehrsamen handtwerk zu laisten schuldig gewest selbigs allen vlisses abgestattet und vollzogen wie dann er vor offener lade frey und loss gezehlt worden ist. Gelanget demnach an all und jedte, sonderlich der Maurer handtwerkhs genossen, welchen dieser lehrbrief zu handten kommet unser dienstfreundliches bitten, dieselben wollen berührten Rigaglia seiner Aussenlehr- und wohlverhaltung halber allen befürdsamen willen erwisen und in gunsten befohlen sein lassen. welches und jeder nach standts gebühr wir hin widerumb der möglichkeit nach zu verdiene begehren getreulich und ohne gefährde.

Dessen zu wahrer urkundt haben wir obangezogen auf öfters erzählten Rigaglia geziementes erbitten ihm diesen lehrbrief mit unsern gewöhnlichen Handwerks-Signet (jedoch in ali ander weg uns und dem handtwerk ohne schandten) verfertigter zugestelt. So geschehen zu obermeltem Roveredo den achten monatstag April nach Christi Jesu allerheiligster Gebuhrt im aintaussent sibenhundert und dreyzehenden jahrs.

Rückhalt durch Bruderschaften

Neben der Organisation der Zunft und dem Netz der eigenen Familie bzw. Sippe gab es den Zusammenschluss in einer religiösen Bruderschaft, der wandernde Bauleute miteinander verband und ihnen fast bedingungslosen Rückhalt gab. Wie in vielen anderen Orten gab es auch in Roveredo zwei Bruderschaften: die zur Kirche S. Antonio gehörige des SS. Rosario und die des SS. Sacramento der Pfarrkirche S. Giulio, der Hauptkirche des Ortes. Der Einzugsbereich war groß, denn jeder Geselle des Tales trat einer dieser religiösen Vereinigungen bei. Die Bruderschaften hatten sowohl religiöse als auch soziale Funktionen inne.

So waren sie auch für die Gewährung von Darlehen und die Unterstützung notleidender und hilfsbedürftiger Bauhandwerker zuständig. In den Aufzeichnungen der Kirchenbücher belegen Leihgelder, dass diese Institutionen den Misoxern finanzielle Mittel zu günstigen Konditionen zukommen ließen, »per andare in Germania«, »um nach Deutschland zu gehen«. Wie in der Heimat schlossen sich auch im Ausland »Confraternite« zusammen, die die Interessen, die Gemeinschaft und die Zusammenarbeit ihrer Angehörigen förderten; so fand auch die »Bruderschaft der Baumeister« in Bayern regen Zulauf bei den Emigrierten.

Impression aus der Ortschaft Mesocco.

Die große Auswanderung nach dem Dreißigjährigen Krieg

Nach dem Dreißigjährigen Krieg (1618–48), der in weiten Teilen Mittel- und Osteuropas Schlösser, Klöster, Kirchen, Häuser und ganze Ortschaften in Schutt und Asche legte, gab es einen enormen Bedarf an Neubauten und Renovationen. Die einheimische Bevölkerung war so weit dezimiert, dass beim Wiederaufbau oft ausländische Arbeitskräfte unter Vertrag genommen werden mussten. Die Bauherren zogen den einheimischen gern die italienisch geschulten Graubündner Handwerker vor, da diese über bessere Techniken verfügten,

ihre Architektur dem Zeitgeschmack entsprach, ihr Fleiß und Einsatz vorbildlich und ihre Anspruchslosigkeit bekannt war. Die einheimischen Bauleute hatten den »allhei dermahlen in zimblicher Anzahl anweßendte fremdte unndt welsche Maurer« gegenüber keinen leichten Stand, da diese zudem in Handwerkszünften organisiert waren. So sind viele barocke Baudenkmäler die Folge dieses verheerenden Kriegsereignisses, dessen Ende die größte Auswanderungswelle der »Misoxer Magistri« in der zweiten Hälfte des 17. Jahrhunderts auslöste.

Tränen des Vaterlandes, anno 1636

Wir sind doch nunmehr ganz, ja mehr denn ganz verheeret.
Der frechen Völker Schar, die rasende Posaun,
Das vom Blut fette Schwert, die donnernde Kartaun
Hat aller Schweiß und Fleiß und Vorrat aufgezehret.

Die Türme stehn in Glut, die Kirch ist umgekehret,
Das Rathaus liegt im Graus, die Starken sind zerhaun,
Die Jungfraun sind geschändt, und wo wir hin nur schaun
Ist Feuer, Pest und Tod, der Herz und Geist durchfähret.

Hier durch die Schanz und Stadt rinnt allzeit frisches Blut.
Dreimal sind schon sechs Jahr, als unser Ströme Flut,
Von Leichen fast verstopft, sich langsam fortgedrungen.

Doch schweig ich noch von dem, was ärger als der Tod,
Was grimmer denn die Pest und Glut und Hungersnot:
Daß auch der Seelenschatz so vielen abgezwungen.

Christoph von Grimmelshausen (1620–76)

Lied aus dem Dreißigjährigen Krieg: Frieden

Von dem Turm im Dorfe klingt
Ein süßes Geläute;
Man sinnt, was es deute,
Daß die Glocke im Sturme nicht schwingt.
Mich dunkt, so hört ich's als Kind;
Dann kamen die Jahre der Schande;
Nun trägt's in die Weite der Wind,
Daß Frieden im Lande.

Wo mein Vaterhaus fest stand,
Wächst wuchernde Heide;
Ich pflück', eh ich scheide,
Einen Zweig mir mit zitternder Hand.
Das ist von der Väter Gut
Mein einziges Erbe;
Nichts bleibt, wo mein Haupt sich ruht,
Bis einsam ich sterbe.

Meine Kinder verwehte der Krieg
Wer bringt sie mir wieder?
Beim Klange der Lieder
Feiern Fürsten und Herren den Sieg.
Sie freun sich beim Friedensschmaus,
Die müß'gen Soldaten fluchen –
Ich ziehe am Stabe hinaus,
Mein Vaterland suchen.

Ricarda Huch (1864–1947)

Anstellung in der Fremde

Zahlreiche sakrale und profane Bauten säumen die Wegrouten der Misoxer Bauleute über die Alpen oder kennzeichnen den Zielort ihres langen Fußmarsches. Gerade in der ersten Hälfte des 17. Jahrhunderts zogen diese von Bregenz am Bodensee weiter den Rhein aufwärts nach Norden oder gleich nach Nordosten: Preußen, Schlesien, Böhmen, Mähren, Österreich, Polen und sogar Russland – Verbreitungslinien, die erst in jüngster Zeit von der Forschung berücksichtigt wurden. Insbesondere im süddeutschen Raum herrschte nach den verheerenden Kriegszerstörungen eine gute Auftragslage, in der zweiten Jahrhunderthälfte wanderten die meisten Bündner Bauleute direkt zu den bayerischen Auftragsorten. Meist passten sie sich den dortigen Verhältnissen und Bräuchen an, heirateten einheimische Frauen und wurden in Schwaben, Franken, Oberbayern, darunter meist im Münchner Raum, ansässig.

Die Auswanderung erfolgte oft auf Nachricht von konkreten Arbeitsgelegenheiten und auf Empfehlung von bereits im Ausland tätigen Familienmitgliedern. Im Gegensatz zu einfachen Saisonarbeitern, die je nach Bedarf auf verschiedenen Bauplätzen eingesetzt wurden und im Winter aus Witterungsgründen in das Misoxer Tal zurückkehrten, verpflichteten sich die Graubündner Meister meist einem Bauherrn, dem sie jahre- oder sogar lebenslang in fester Stellung dienten.

Oft holten sie die ganze Familie, Verwandte und Bekannte an den Auftragsort nach, sandten Geldgeschenke an die Heimat und schufen stattliche Bürgerhäuser als Zeichen ihrer angesehenen Stellung und ihres Reichtums. Einige in der Ferne reich gewordene Baumeister gaben in ihrem Testament eine gemeinnützige Stiftung bekannt, wie z. B. GABRIEL DE GABRIELI, der eine Lateinschule gründete, um der Jugend in der Heimat die Chance einer besseren Ausbildung zu ermöglichen.

Die fürstlichen oder geistlichen Auftraggeber nahmen den verantwortlichen Baumeister und seinen mitgebrachten Hand-werksstab – Maurergesellen, Poliere, Steinmetze und Stuckateure – in der Regel als geschlossene Gruppe unter Vertrag.

Die meisten Emigranten waren als Baumeister, d. h. bauführende Maurer, an der Ausführung bzw. Fertigstellung eines Projekts maßgeblich beteiligt. Wenige haben sich einen Namen als selbständig entwerfende Architekten gemacht und wurden zu Hofbaumeistern und Baudirektoren.

Das vielfältige Aufgabengebiet der Graubündner »Magistri«, die in weiten Teilen das damalige Baugeschehen und die regionale Architektur bestimmten, erstreckte sich von barockisierenden Umbauten gotischer Kirchen hin zu Neubauten barocker Kirchen; es reichte von schlichten, kleinen Dorfkirchen über große, mächtige Barockkirchen und Klosteranlagen zu städtischen, bürgerlichen Adelspalais sowie großen, repräsentativen Schloss- und Parkanlagen. In einigen Orten wie Dillingen und Eichstätt wurden sogar städtebauliche Konzepte realisiert.

Der typische Misoxer Stil wurde weder in der Heimat geprägt, noch kann er rein geographisch definiert werden: Die Graubündner Meister bewiesen im nördlichen Auswanderungsgebiet eine ausgesprochene Anpassungsfähigkeit an transalpine, regionale Traditionen, denn sie entwickelten ihre charakteristische Formensprache erst dort zu einem neuen, eigenständigen Stil. Italienisch geprägte Bauformen wurden von ihnen in den Norden transferiert und mit regionalen Gestaltungselementen kombiniert. Diese bauliche Synthese war vielerorts die Grundlage für einen barocken Architekturstil, der der Lebensauffassung der Auftraggeber, in deren Dienst die Bündner standen, entgegenkam. Die Verwendung italienischer Barockformen, die die Misoxer über die Alpen brachten, gefiel souveränen Fürsten und Äbten, die ihre Größe angemessen repräsentiert wissen wollten. Erst als sich im 18. Jahrhundert der französische Geschmack in der höfischen Architektur durchsetzte, verloren die Misoxer Meister ihre Vorrangstellung und der steile Weg nach oben fand ein Ende.

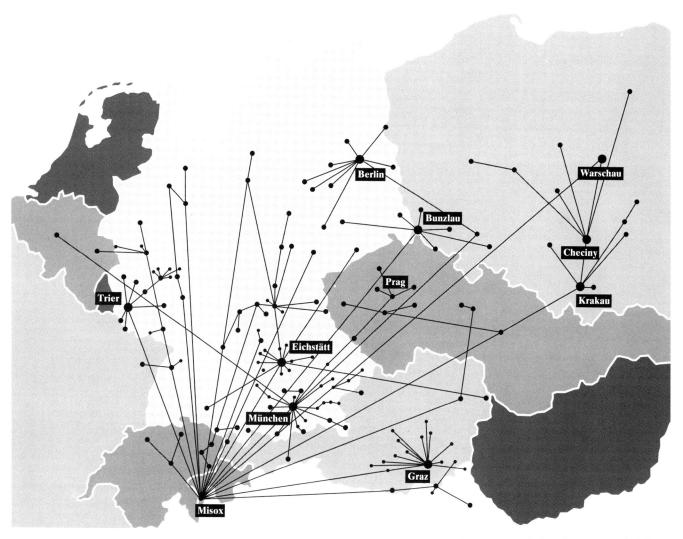

Das Schema zeigt die zurückgelegten Arbeitswege der Graubündner Baukünstler in Mittel- und Osteuropa mit dem Ausgangspunkt Misox. Oft nahmen sie auf dem Weg zu ihrem Zielort Aufträge an oder gelangten von dort durch Filialunternehmungen in eine andere Stadt. Obwohl ihre Wirkungsorte oft weit auseinander lagen, brach die Verbindung unter den Landsleuten nicht ab.

Bildnis eines unbekannten Baumeisters. Der Portraitierte ist in vornehmer, wohlhabender Umgebung dargestellt; über der Balustrade wird der Blick auf eine Stadt freigegeben. Die Ausstattung des Bildnisses mit den gängigen Herrschersymbolen kennzeichnet den gehobenen Stand des Baumeisters: Thron, Balda-chin, Säule, Adelswappen... Einzig der Grundrissplan gibt einen Hinweis auf seinen Beruf.

Graubündner Baukünstler

Anfänge

Während sich im Spätmittelalter frühe Spuren der namenlosen, einfachen Bauhandwerker verlieren, sind bereits gegen Mitte des 16. Jahrhunderts erste Namen von Graubündner Meistern nördlich der Alpen überliefert. Die Gerichtsakten vermitteln historische Fakten, die Kirchenbücher der Heimatgemeinden Geburts-, Heirats- oder Sterbeaufzeichnungen oder auch letzte Angaben über verschollene Auswanderer, die irgendwo »in partibus Germaniae« gestorben waren.

In dieser frühen Phase um 1600, als die deutsche Handwerkstradition auszusterben drohte und von der neuzeitlichen Schulung der oberitalienisch geprägten Baumeister abgelöst wurde, machten sich die Wandermeister allmählich sesshaft und es bildeten sich reine Künstlerfamilien, wobei die Graubündner erstmals mit selbstständigen Bauwerken in Erscheinung traten.

Die einst deutschen Namen der Graubündner Regionen und Personen erfuhren in der Zeit, als die heimatlichen Landwirtschaften an italienische Gastarbeiter verpachtet waren, eine umfangreiche Italianisierung; so ist beispielsweise aus Misox Mesocco geworden. In deutschsprachigen Regionen passten die Auswanderer ihre Namen der Umgebung an, indem sie wieder latinisiert wurden; daher blieb deren Herkunft im zisalpinen Mitteleuropa lange Zeit unbeachtet: So wurde z. B. aus Giulio Egidio Valentini Gilg Ägidius Vältlin, aus Giovanni Albertalli Hans Alberthal, aus Giovanni Cerro Johann Serro, aus Giacomo Angelini Jakob Engel, aus Giovanni Domenico Barbieri Hans Balbierer. Zusätzlich tauchen unzählige Namensvarianten einzelner Persönlichkeiten auf, da es in dieser Zeit keine verbindliche Rechtschreibung zu beachten gab.

Portrait eines zeitgenössischen Stuckateurs. In dem Gemälde wird nicht nur durch die Darstellung des typischen Werkzeugs, des Modelliereisens, die berufliche Stellung des Mannes festgehalten, sondern auch seine Gelehrsamkeit durch die Lesetätigkeit betont. Die Bildung trug zum Erfolg des Baukünstlers im Ausland bei.

GIULIO (EGIDIO) VALENTINI/ GILG (ÄGIDIUS) VÄLTIN

1570–1616 in Bayerisch-Schwaben nachweisbar, von Roveredo. Baumeister der Renaissance und des Manierismus in Bayerisch-Schwaben, prägte als Werk- und Maurermeister das Stadtbild von Neuburg an der Donau und Lauingen.
Werke:
1570 Augsburg, Jesuitenkirche
(Zuschreibung)
1589 Höchstädt an der Donau, Schloss
1600/10 Lauingen, Wohnhäuser
1603–05 Neuburg an der Donau, Rathaus
1607–16 Neuburg, Jesuitenkirche

Alberthal setzte stolz den Titel »Frl. [Fürstlich] Augspurg. Paumeister« unten seinen Namen.

GIOVANNI ALBERTALLI/ HANS ALBERTHAL

Um 1575/80–1657, von Roveredo. Sohn des 1615 in Eichstätt verstorbenen Bauhandwerkers Peter und Bruder des weniger bekannten Albert Alberthal. Seit 1596 in Dillingen, der Residenz der Fürstbischöfe von Augsburg und Sitz der Jesuitenhochschule. 1600 städtisches Bürgerrecht. 1619 Ratsherr und Mitglied des Stadtrates. Zum »bischöflich Eichstättischen und Augsburgischen Baumeister« ernannt, Verbreitung der »Augsburger Renaissance« des Kreises um Elias Holl in Süddeutschland. Dillinger Studienkirche wird zum Prototyp der barocken Wandpfeilerkirche.

1601/02 Geburt des ersten Sohnes Peter, der in der Schulmatrikel als »Grison ex Rhetia superiore« bezeichnet wird. Der 1611 geborene zweite Sohn Johann wird hingegen schon als »Dilinganus« aufgeführt. 1606 Aufnahme der Eheleute Hans und Johanna Alberthal in die Dillinger Bruderschaft. Wahrscheinlich holte Alberthal in diesem Jahr seine Familie nach Dillingen. 1630 Tod Johannas. Ein Jahr später Heirat mit Margaretha Chorolanza aus Chur; vielleicht ein Hinweis darauf, dass Alberthals Reisen in die Heimat über Chur führten. Mit der Zeit hat es Hans Alberthal zu einem recht ansehnlichen Besitz (zwei Wohnhäuser und einige Grundstücke) und einem beachtlichen Vermögen gebracht. Aufgrund enormer Bauschäden an der Dillinger Pfarrkirche wurde Alberthal 1644 von Fürstbischof Heinrich von Knoeringen (1598–1646) persönlich zur Verantwortung gezogen; in seinem Todesjahr hinterließ er der Bruderschaft eine Schuld von 100 Gulden. Alberthal verließ Dillingen endgültig, um seinen letzten Bauauftrag in Pressburg anzutreten.
Werke:
1603ff Dillingen, Bischöfl. Priesterseminar
1607–09 Haunsheim, Evangelische Kirche
(nach Plänen von Joseph Heintz)
1609 Eichstätt, Willibaldsburg
(Bauleitung nach Plänen Elias Holls)
1610–17 Dillingen, Studienkirche
1617–20 Eichstätt, Schutzengelkirche und Jesuitenkolleg
1619ff Innsbruck, Jesuitenkirche
(Bauleitung)
1619–28 Dillingen, Pfarrkirche St. Peter
1621 Dillingen, Säkularenbau
1624–27 Neuburg an der Donau, Jesuitenkirche, Turm
1629ff Dillingen, ehem. Universität
1635ff Pressburg/Bratislava, Schloss
(Modernisierung)

Der Dillinger Bischof Heinrich von Knoeringen.

Hochphase

Der Dreißigjährige Krieg (1618–48) lieferte aufgrund der verheerenden Verwüstungen in vielen mittel- und osteuropäischen, zisalpinen Städten und deren erforderlichen Wiederaufbaus Generationen von Künstlern neue Arbeit. Es gab einen großen Bedarf an gut ausgebildeten Bauleuten und die Zahl der Misoxer Emigranten nahm in der zweiten Hälfte des 17. Jahrhunderts bedeutsam zu. Das Wissen wurde von einer Generation an die nächste weitergegeben und vom Meister auf den Gesellen übertragen, einzelne Werkmeisterfamilien ließen sich in ihrer neuen Heimat nieder und begannen, sich in der Gesellschaft zu etablieren.

GIOVANNI CERRO/JOHANN SERRO

1634–72 erwähnt, von Roveredo. Bedeutender Architekt in Bayerisch-Schwaben.
Werke:
1640ff Neuburg an der Donau, Rathaus (Erneuerung)
1641–47 Neuburg an der Donau, St. Peter
1652–70 Kempten, Dom (Fortführung)
1656–70 Kempten, ehem. Klostergebäude

DOMENICO SCIASCIA

Seit 1640 in Wien nachweisbar, gest. 1679, von Roveredo. Bedeutsamer Architekt in Niederösterreich und der Steiermark.
Werke:
1630–40 Lilienfeld, Stift, Neubau
1635ff Göttweig, Stift, Nordtrakt
1639 St. Lambrecht, Fassade
1640–78 St. Lambrecht, Stiftsgebäude
1640–74 Mariazell, Wallfahrtskirche
1654–59 Graz-Andritz, Schloss (Rekonstr.)
1656 Judenburg, Pfarrkirche
1665–74 Graz, St. Lambrechter Stiftshof

Das Portrait von DOMENICO SCIASCIA wurde postum zu seiner Ehrung angefertigt. Testamentarisch verfügte er über sein Grab: »Zum anderten ordne ich, dass mein toter Körper nach Maria Zell geführt und daselbst in der Kirchen selben Unser Lieben Frauen-Altar auf der Seiten gegen Gräz ehrlich begraben werde.«

GIOVANNI (BATTISTA) ZUCCALLI/
JOHANNES (BAPTIST) ZUCCALLI

1642 erwähnt, gest. 1678, von Roveredo.
Bedeutender Stuckateur in Graubünden und
Bayern, Vater von Henrico Zuccalli.
Werke:
1652 Tiefencastel/Graubünden, Pfarrkirche (Stuck)
1660ff Kempten, St. Lorenz (Stuck)
1670 Kempten, Klostergebäude (Stuck)
1675 Altötting, Wallfahrtskirche
(Bauaufsicht)

Abrechnung der Stuckateurarbeiten in der Kemptener Basilika
St. Lorenz, aufgelistet von GIOVANNI ZUCCALLI 1662/63.

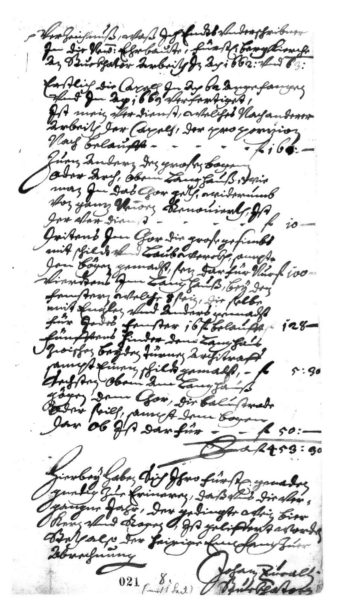

Rechnung
über
Stuckateurarbeiten

*»Verzeichnuß waß ich Endtsunderschrib-
ner in die New Ehrbaute fürstl. Bergkirche
an Stuckhator arbeith in an 1662 und
1663:*

*Erstlich die Capell in an 62 angefangen
und in an 1663 verfertiget, ist mein Verdienst, welches nach anderer arbeith der
Capell, der proporzion nach belauft*
fl 160,-
*Zuen andern den großen Bogen oder Arch,
obem Langhauß, wie man in das Chor geth
widerumb von ganz newen renoviert, ist der
Verdienst*

fl 10.-
*Dritens im Chor die große gesimbs mit
schild und Laubwerkh sampt den Bögen
gemacht, sein dafür nur*

fl 100,-
*Viertens im Langhauß, bey den Fenstern
welche 8 sein, die selbe mit Engeln und an-
ders gemacht für jedes Fenster 16 fl belauft*
fl 128,-
*Fünftens hinder dem Langhauß zwischen
beyden Türmen architraff sampt einem
schildt gemacht*

fl 5,30
*Sechstens oben am Langhauß gögen dem
Chor, die Balustrade oder sampt den Bogen
dar ob ist dafür*

fl 50.-

fl 453,30

*Hierbey haben sich Ihro fürstl. Genaden
gnedig zu Erinnerung, daß uns die vergangene Jahr, der gedingte Wein Eier Korn
und Rogen, ist gelifert worden steht also der
heirige Empfang für Abrechnung.*

Johann Zucalli, Stuckhatorn

TOMMASO COMACIO

Gest. 1678, von Roveredo. Bedeutender Baumeister in Bayern, Baden-Württemberg und der Pfalz.

Werke:

1665 Luzern, Jesuitenkirche

1667 Niederschönenfeld, Pfarrkirche Mariä Himmelfahrt (Bauleitung)

1668–73 Zwiefalten, Kloster, Westflügel

1669 Neuburg an der Donau, Schloss (Reparaturarbeiten, Bauleitung)

um 1670 Roveredo, Landhaus

1670–80 Baden-Baden, Jesuitenkirche (Plan und Bau, 1689 zerstört)

1670 Obermarchtal, Kloster (Gesamtplan)

1674ff Rheinau/Schweiz, Kloster und Klosterkirche (Teilerneuerung)

1674–80 Baden-Baden, ehem. Jesuitenkolleg, (Pläne und Baubeginn)

1681 Zabern, Schwarzes Schloss, Hauptfassaden mit Portal (Zuschreibung)

Der stattliche, repräsentative Palazzo im Quartier S. Giulio von Roveredo mit seinen vier turmartigen Eckrisaliten und einer Holzloggia an der Ostseite wurde um 1670 von TOMMASO COMACIO erbaut. Er diente als heimatlicher Wohnsitz nach dessen Rückkehr aus Deutschland.

Oft machte ein Handwerker, der sich als tüchtiger Maurermeister den Weg in eine größere Stadt geebnet hatte, den Familiennamen bei ausländischen Auftraggebern bekannt und führte so weitere Generationen – oder auch nur Mitglieder des Bautrupps – in die Geschichte ein. So kam es vor, dass auf höfischen Großbaustellen die verschiedenen Arbeiten fast ausschließlich in Misoxer Hand lagen.

Z.B. ließ der Hofmaurermeister GASPARE ZUCCALLI (1629–78) 1669 seinen Vetter HENRICO ZUCCALLI (1642–1724) nach München holen. In einem zeitgenössischen Bericht wird seine Begleitung noch nicht namentlich genannt, sondern nur als »un altro giovane« bezeichnet.

In der hochbarocken Hauptblütezeit der transalpinen Misoxer Tätigkeit bis 1720 kamen verstreut in Mittel- und Osteuropa einzelne Werkmeisterfamilien mit meist einem Vertreter zu großem künstlerischem Ruhm und Ansehen und verbunden damit zu gehobener sozialer und wirtschaftlicher Stellung. Diese etablierten sich als eigenständige Architekten, wurden oftmals zu Hofbaumeistern und Baudirektoren. Die kurfürstlichen Familien oder fürstbischöflichen Herrscher gaben repräsentative Bauten in Auftrag, wie sie im Zeitalter des Absolutismus üblich waren, um ihre Macht und ihren gesellschaftlichen Status zu demonstrieren.

Den großen Erfolg dieser wenigen Misoxer Baukünstler begünstigte, dass sich vor allem im 17. Jahrhundert der höfische Geschmack und die Vorstellung von guter Architektur an italienischen Vorbildern orientierte und sich gerade die bedeutenden Aufträge den »welschen« Graubündnern leichter als den »teutschen« Handwerkern erschlossen. Zudem genossen die »Magistri Grigoni« in der Zunftordnung schriftlich fixierten Rückhalt und gewisse Vorteile. Während z.B. zeitgenössische Architekturtraktate in italienischer Sprache verfasst waren, erschien eine deutsche Palladio-Ausgabe erst 1698 – zu einer Zeit, als der höfische Geschmack bereits von der französischen Kunstrichtung beeinflusst war. Diesen Vorteil konnten die italienischsprachigen Misoxer etwa 150 Jahre lang nützen.

LORENZO SCIASCIA

Um 1643–1694, von Roveredo. Baumeister in Oberbayern, der in ländlicher Gegend emporenlose Wandpfeilerkirchen schuf.
Werke:
1675 Traunstein, St. Oswald (nach Entwürfen von Gaspare Zuccalli und unter Mitarbeit von Antonio Riva)
1676ff Herrenchiemsee, Benediktinerkloster (nur Mittelschiff der Kirche erhalten)
1687f Antwort bei Bad Endorf, Wallfahrtskirche Mariä Himmelfahrt
1687–93 Weyarn, ehem. Augustinerchorherrenstiftskirche
1688ff Gmund a. Tegernsee, St. Ägidius
1688f Sachrang, St. Michael
(Pläne, zusammen mit Gaspare Zuccalli)

ANTONIO RIVA

Gest. 1713, von Roveredo. Architektonische Ausbildung wohl in Mailand, erstmals um 1675 in Bayern nachweisbar. Tätigkeit als ausführender Baumeister für Henrico und Gaspare Zuccalli, aber auch selbständiger Architekt in Bayern, Wien, Lüttich und Bonn. Seit 1681 in Landshut ansässig.
Werke:
1675 Traunstein, St. Oswald (nach Entwürfen Gaspare Zuccallis unter Mitarbeit von Lorenzo Sciascia)
1678ff Tegernsee, Kloster und Kirche St. Quirinus (Ausführung)
1680 München, Residenz, sog. Alexander- und Sommerzimmer sowie Grottenhof (Umbau nach Plänen Henrico Zuccallis)
1683 Landshut, Propstei (Projektplan)
1685 Aurolzmünster/Österreich, Schloss (Bauführung, nach Plan Zuccallis)
1689–95 Tegernsee, ehem. Benediktinerkloster, Nord-West-Trakt (Bauleitung)
1691f Vilshofen, Kirche Maria-Hilf
1692 Wien, Palais Kaunitz-Liechtenstein (Ausführung nach Plan Henrico Zuccallis)
1695 Lüttich, Residenz (Umbau nach Plan Henrico Zuccallis, Bauleitung)
1697–1703 Bonn, Kurfürstliches Schloss (Bau nach Plan Henrico Zuccallis)

GIULIO BROGGIO

Gest. 1703, vermutlich Herkunft von Roveredo. Kam als mittelloser Geselle mit unbedeutenden Verwandten nach Nordböhmen in die stark zerstörte Königsstadt Leitmeritz/Litomerice. 1658 Eintrag Giulio Broggios in die Leitmeritzer Maurerzunft als Geselle, 1660 Heirat mit der Tochter eines dortigen Steinmetzmeisters. Ab 1670 bedeutender, leitender Zunftbaumeister. Drei Jahre später erwarb Broggio das Bürgerrecht der Stadt. Auftraggeber waren der Adelige Putz von Adlersthurn und sächsische Herzöge.
Werke:
1673 Leitmeritz, Allerheiligendekanatskirche, Zunftkapelle St. Rochus (Umbau)
1681 Doksan/Doksany, Prämonstratenserinnenkloster, nördlicher Konventbau
1684–94, Leitmeritz, Bischofsresidenz
1694ff Zákuby, Schlosskomplex
1695ff Mariatschitz/Mariánske Radcice, Wallfahrtskirche (Fertigstellung)

OCTAVIO BROGGIO

1670–1742, geb. und gest. in Böhmen, Sohn und Lehrling des Giulio Broggio. Meisterprüfung 1699, 1718–31 Ratsherr, Kontakte nach Prag. Octavio setzte sich mit seinem Vater oft gegen italienische Konkurrenten durch, sie prägten entscheidend die böhmische Barocklandschaft. Beigesetzt in der Senatorengruft der Stadt.
Werke:
1699 Mergenthal/Marenice, Kirche
1700 Bohosudov/Mariaschein, Kirche
um 1703 Leitmeritz, Wohnhaus
1703 Libotenitz/Libotenice, St. Katharina
1707 Aussig an der Elbe/Ústi nad Labem, Dominikanerkirche St. Adalbert
1708 Prag, Dreifaltigkeitskirche (Entwurf, Ausführung Christoph Dientzenhofer)
1711ff Osseg/Osek bei Teplitz, Zisterzienserkloster, Maria Himmelfahrt (Umbau)
1714ff Leitmeritz, Wenzelskirche
1717ff Leitmeritz, Allerheiligenkirche
1725 Leitmeritz, Maria Verkündigung

Leitmeritz/Litomerice, Michaelsgasse 3, Wohnhaus OCTAVIO BROGGIOS, um 1703.

Roveredo, Casa Zuccalli an der Piazza della Grida. Zwei-
geschossiger ungegliederter Bau mit Rundbogentüre, die von steinernen Diamantquadern umrahmt ist.

GASPARE ZUCCALLI/
KASPAR ZUCCALLI

1629–78, von Roveredo. Heirat mit Henricos Schwester Maria Domenica. Zusammenarbeit des Architekten mit seinem Vetter Domenico Christoforo Zuccalli (gest.
1702). Tätig zwischen Oberbayern und Inn-
viertel. Verließ bereits um 1650 als erstes
Familienmitglied der Zuccalli die Graubündner Heimat. Ab 1668 Hofmaurermeister in
München.
Werke:
1656 Altötting, Klosteranlage
(Ausführung der Pläne von D.C. Zuccalli)
1657–65 Gars, Klostergebäude, Kirche
(zusammen mit D.C. Zuccalli)
1666 Hilgertshausen bei Dachau, Pfarrkirche St. Stephan (Pläne und Bauleitung)
1671 Andechs, Kloster, Kirchturm
(Zuschreibung)
1672 München, Hl.-Kreuz-Kirche
(Barockisierung der Wallfahrtskirche, Neubau der Sakristei)
1675 Traunstein, St. Oswald, Langhaus
(Entwurf und Baubeginn, vollendet von
Antonio Riva und Lorenzo Sciascia, re-
konstruiert 1704)

GIOVANNI GASPARE ZUCCALLI/
JOHANN CASPAR VON ZUCCALLI

Um 1661–1717, von Roveredo. Sohn des
Domenico Christoforo Zuccalli und Neffe
Henricos. Tätigkeit des Architekten in Oberbayern und Salzburg von 1684–1702 nachweisbar, nach der Zusammenarbeit mit
Henrico Zuccalli in München 1685 Empfehlung des Theatinerpaters Ferdinand Maria Zuccalli an den Salzburger Erzbischof.
1689 Hof- und Landschaftsbaumeister.
Werke:
1684 Straubing, Karmeliterkloster
1684 München, Schloss Schleißheim und
Lustheim (Mitarbeit unter Henrico Zuccalli)
1685–1700 Salzburg, St. Kajetan
1685–88 Salzburg, St. Erhard im Nonntal
1687–94 Hallwang, St. Martin (Umbau)
1690 Salzburg, Residenz (Innenausbau)

GASPARE ZUCCALLI bewarb sich 1668 um die Stelle des Münchner Hofmaurermeisters: »… unaussetzlich in dero Hochlobl. Churfürstenthumb zu Bayrn bey dero Vornehmbsten geist- unnd Weltlichen Standts persohnen, Clöster, Schlösser, absonderlichen aber Gotts, Spittal, preuheuser, Kheller unnd dergl., theils von grundt und Fundament aus erhebt: oder die dabei vorhandtene Paufälligkeit mit den jeden ortsgehabten Herrschaftsgütern und absonderlich in Verfassung der modellen, grundtrissen, an- undyberschlägen und wass von ainem Maurmeister erfordert werden khan, repariert…« Weiterhin betont er, dass er »… der teitschen Sprach zu geniegen underricht und in allen Gerichten, Märkht und Schlössern anderst nit als ein geborenes Landtkind wohl verssiert, ob ich woll sonsten von Graubindten bin und meine ganze Freundtschaft bey der pauekhunst herkommen, ja sogar bei J. Kgl. Majst. In Frankreich dermallen mein nechster bluets Verwandter in erpauung der Kgl. Residenz unter den vornembsten hauptpaumeistern ist.« Der erwähnte berühmte Verwandte war wahrscheinlich HENRICO ZUCCALLI, der sich durch seine erfolgreiche Bautätigkeit vor der Münchner Zeit und längerfristige Aufenthalte in Rom und Paris von seinen Landsleuten unterschied.

Bewerbungsschreiben GASPARE ZUCCALLIS an den bayerischen Kurfürsten Ferdinand Maria um die Stelle eines Hofmaurermeisters in der Residenzstadt München von 1668. Eine feste und gesicherte Stelle bedeutete für ihn, dass er samt seiner Familie nach München übersiedeln konnte.

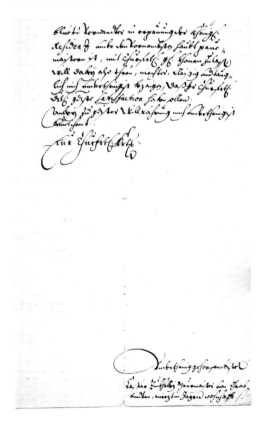

LORENZO DE SENES

1631–49 erwähnt, von S. Vittore (?). Bedeutender Baumeister in Polen, der mit dem Schloss Krzyztopór die größte Residenz Europas vor Versailles baute. Aufenthalt in Warschau, Heirat mit der Polin Zofia Trelpa, 1638 Bürgerrecht in Krakau. 1645 kaufte er ein Haus für seinen Sohn Gian Battista. Sein polnischer Zuname lautete »Wawrzyniec Senes«, »Lorbeer-Senes«.
Werke:
1631–44 Krzyztopór in Ujazd bei Sandomierz, Schlossanlage
1633–30 Stopnica, Franziskanerkirche (Zuschreibung)
1643–49 Klimontów, Stiftskirche

HENRICO ZUCCALLI

1642–1724, von Roveredo. Berühmter Graubündner Architekt in Bayern, der römische Bauformen über die Alpen brachte. Studienreisen um 1661 nach Rom und Paris (Umkreis des römischen Barockarchitekten Gianlorenzo Bernini). 1669 Ankunft in München auf Empfehlung seines Vetters Gaspare. 1672 Bewerbung als Hofbaumeister, zu dem er 1673 rückwirkend ernannt wurde: Hohe berufliche und gesellschaftliche Stellung ab 1677 als kurfürstlicher Hofbaumeister unter Ferdinand Maria und Henriette Adelaide in München. Erster Architekt des Landes (»Ingiero et supremo Architetto«) unter Max Emanuel bis 1704. In den neunziger Jahren 1600 Gulden Grundgehalt. Während der österreichischen Administration in Bayern (1704–16) wurde der 62-jährige Zuccalli von seinen Ämtern suspendiert. Kurfürst Max Emanuel setzte ihn nach seiner Rückkehr aus dem Exil 1715 kurzzeitig erneut als Hofbaumeister ein – Henrico Zuccalli sollte allerdings nie mehr den Rang einnehmen, den er über dreißig Jahre lang innehatte.

Werke:

1667 Paris, Louvre (Modell für Neubau)

1673ff Altötting, Wallfahrtskirche und Platzanlage (Projekt)

1674 ff München, Schloss Nymphenburg (Vollendung des von Agostino Barelli begonnenen Baus nach eigenen Plänen)

1676ff München, Schloss Blutenburg (Umbauarbeiten, Zuschreibung)

1674–92 München, Theatinerkirche St. Kajetan (Baufortführung)

1676 München, Palais des Freiherrn Anton von Berchem (Zuschreibung, nicht erhalten)

um 1678 Tegernsee, ehem. Benediktinerkloster, Gesamtplan (Zuschreibung)

1680 München, Residenz, sog. Alexander- und Sommerzimmer (Umbauarbeiten)

1684–88 München, Schloss Lustheim

1685–1701 München, Schlosspark Schleißheim (Entwürfe, teils ausgeführt)

1688 Austerlitz/Mähren, Schloss (Entwurf)

1688ff Wien (Bankgasse), Stadtpalais Kaunitz-Liechtenstein (verändert erhalten)

1691–97 München (Weinstraße), Kloster der Englischen Fräulein (nicht erhalten)

1691ff Landsberg am Lech, ehem. Jagdschloss Lichtenberg (abgebrochen)

nach 1692 München (Rosental 7), Palais des Grafen Maximilian Kajetan von Törring-Seefeld (nicht erhalten)

1693ff München (Promenadenstraße 12, heute Kardinal-Faulhaber-Straße 12), Palais des Grafen Paul von Fugger zu Kirchberg und Weißenhorn, später Palais Portia (verändert erhalten)

1694ff Brüssel, ehem. Statthalterresidenz (Umbau der Innenräume)

1694f Ingolstadt, Universität (Umbauprojekt)

nach 1694 München (Dienerstraße 12), Palais des Grafen Ladislaus von Törring (nicht erhalten)

1695 Lüttich/Belgien, ehem. Erzbischöfliches Palais (Umbau der Wohnräume)

nach 1695 München (Kardinal-Faulhaber-Straße), Palais des Grafen Leonhard Simpert von Törring-Jettenbach und sog. Wessobrunnerhof (nicht erhalten)

1696–1722 München, Schloss Lustheim, Galerie (nicht erhalten)

1697–1702 Bonn, ehem. Schloss, heute Universität (teilweise verändert erhalten)

nach 1698 München (Prannerstraße), Palais des Grafen von Thürheim (nicht erhalten)

1701–04 München, Neues Schloss Schleißheim (später verändert)

1701–05 München, Schloss Nymphenburg (Umbau und Erweiterung mit Giovanni Antonio Viscardi, später verändert)

1709ff Ettal, Benediktinerkloster und -kirche (Um- bzw. Neuplanung)

1715/16 München, Dreifaltigkeitskirche (Bauaufsicht des nach Plänen Viscardis begonnenen Baus)

Signatur des Graubündner Baumeisters HENRICO ZUCCALLI.

Lange Zeit wurde der Dargestellte als Henrico Zuccalli identifiziert. Der Inventareintrag zum Gemälde bezeichnet ihn jedoch »Gaetano de Chierici, Baumeister der Theatinerkirche« – des persönlichsten Bauprojekts der Kurfürstin Henriette Adelaide. Doch auch diese Zuschreibung gilt nicht als gesichert. Das Portrait ist im Zweiten Weltkrieg zerstört worden.

Bewerbungsschreiben des etwa 30-jährigen HENRICO ZUCCALLI in italienischer Sprache um die Stelle als Münchner Hofbaumeister, wohl um 1672.

HENRICO ZUCCALLI richtet sein Anliegen direkt an die bayerische Kurfürstin Henriette Adelaide, die er mit »Hochwürdigste Auserwählte Hoheit« anspricht. Er betont in seinem Anschreiben als Anknüpfungspunkt einen früheren Aufenthalt in München, gesteht ihr ganz offen seinen momentanen finanziellen Engpass und bittet selbstbewusst um eigenverantwortliches Arbeiten und ein angemessenes Gehalt. Mit keinem Wort verweist er auf seine Herkunft, seine Ausbildung oder bisherige Projekte – die Kenntnisse seiner beruflichen Fähigkeiten setzte er wohl am Münchner Hof voraus.

In diesem einfachen, heute nicht mehr erhaltenen Bauernhaus in Roveredo mit den Holzlauben an der Seitenfront wurde HENRICO ZUCCALLI 1642 geboren. 1681 erwarb er ein Eckhaus in der Münchner Burgstraße 6 für 5000 Gulden. Dieses Gebäude, in dem später auch Mozart wohnen sollte, blieb bis 1736 in Familienbesitz. Zuccalli sollte zeitlebens nicht mehr nach Roveredo zurückkehren.

Ansicht von Schloss Maierhofen, erbaut um 1600, Kupferstich von Michael Wening, 1701. Kurfürst Max Emanuel vermachte seinem langjährigen Hofbaumeister HENRICO ZUCCALLI 1699 den Edelsitz Maierhofen als erbliches Ritterlehen und als Zeichen seiner Verbundenheit. In einem 1723 verfassten Brief sicherte er diesem noch einmal seine Loyalität zu. Doch der französische Zeitgeschmack hatte unaufhaltsam am Münchner Hof Einzug gehalten und Zuccalli konnte den Anforderungen nicht mehr entsprechen. 1725, ein Jahr nach Zuccallis Tod, wurde François Cuvilliés zum kurfürstlichen Hofbaumeister ernannt.

»Die kurbayerische und kursächsische Familie beim Musizieren und Kartenspielen«, ein Gemälde von Peter Jakob Horemans aus dem Jahr 1761. Viele Mitglieder der Hofgesellschaft und die Regierenden selbst hatten den Ehrgeiz und Vergnügen daran, eigenmächtig zu musizieren oder zu singen.

Im Kontrast zu der einfachen, bäuerlichen Herkunft HENRICO ZUCCALLIS steht sein Leben in Adelskreisen am Münchner Hof. Der in dem kleinen Bergdorf Roveredo im Misoxer Tal geborene Zuccalli verkehrte durch seinen Aufstieg und seine erfolgreiche Tätigkeit als kurfürstlicher Baumeister in diesen gehobenen Kreisen; der sichere Umgang mit der höfischen Gesellschaft war ihm wohl nicht fremd.

Der Karrieresprung der Misoxer Baukünstler in die höheren gesellschaftlichen Schichten ist kein geschichtliches Einzelphänomen: So können Parallelen zur Musik gezogen werden. Vereinzelt gelang es Komponisten und Musikern im Ausland an fremden Höfen Fuß zu fassen und sich gesellschaftlich zu etablieren, obwohl dieser Status nicht ihrer Herkunft entsprach.

Der aus ärmlichen Verhältnissen stammende und in dem belgischen Städtchen Mons im Hennegau aufgewachsene Roland de Lassus beispielsweise nannte sich nach seinen Studienjahren in Italien Orlando di Lasso (1532–94). Er wurde 1556 von Herzog Albrecht V. (reg. 1528–79) in die Residenzstadt München berufen und zum Hofkapellmeister ernannt.

Georg Friedrich Händel (1685–1759), Sohn eines Wundarztes aus Halle, war nach seinem Aufenthalt in Italien und Hannover ab 1712 fast ausschließlich in London tätig, wo er großen Ruhm erlangte und das königliche Opernhaus gründete.

Eine zeitgenössische Aufnahme des Steinernen Saales von Schloss Nymphenburg in München. Der Festsaal mit den großen Bogenöffnungen zum Garten hin wurde von HENRICO ZUCCALLI und Joseph Effner im ersten Viertel des 18. Jahrhunderts entworfen.

Das Deckenfresko im Steinernen Saal von Schloss Nymphenburg, gemalt von Johann Baptist Zimmermann 1755–57, weist darauf hin, welchen Freuden sich die Gäste damals hingeben sollten: Es zeigt die Göttin Flora mit den Nymphen, Venus, die Göttin der Liebe und Diana, Göttin der Jagd sowie die musizierenden Musen mit der Göttin Athene. Seit dem Sturz der Monarchie in Bayern 1918 und mit dem einhergehenden Verlust der politischen Stellung dieses Königssitzes war das Schloss ausschließlich musealen Zwecken vorbehalten. Nach Kriegsende wurden im Rahmen der »Nymphenburger Sommerspiele« regelmäßig Konzerte veranstaltet und der große Raum füllte sich erneut mit Leben. Das Zusammenspiel von Musik und Architektur fand 1988 ein Ende, als nach den Konservierungsmaßnahmen der Saal für Konzerte geschlossen blieb.

Doppelportrait des Bayerischen Kurfürstenpaares, Sebastiano Bombelli zugeschrieben, 1666.

Henriette Adelaide von Savoyen, die am Turiner Hof aufgewachsene kunstbeflissene und engagierte Gemahlin des bayerischen Kurfürsten Ferdinand Maria (reg. 1651–79), förderte bis zu ihrem Tod 1676 das kulturelle höfische Leben, indem sie italienische Opern und Theaterstücke in München aufführen ließ.

Hauptsächlich aber nahm sich die Kurfürstin ihre Heimatstadt Turin zum Vorbild in Bezug auf die barocke Architektur, die sich dort bereits im Kirchen- und Schlossbau durchgesetzt hatte. Fünfzehn Jahre nach dem Westfälischen Frieden (1648), der das Ende des Dreißigjährigen Krieges besiegelte, beauftragte sie für die höfischen Großprojekte in München italienische Poliere und Baumeister, die schließlich – obwohl 1670 ein kurfürstlicher Erlass erging, bayerische Baukünstler den ausländischen vorzuziehen – von der nachfolgenden Generation, den italienisch geschulten Graubündnern, abgelöst wurden. Henriette Adelaide ging in ihren Vorlieben sogar so weit zu behaupten, die einheimischen Künstler seien »troppo idioti nell' edificare una fabbrica di tanta importanza«, »zu unkundig, um Gebäude solcher Wichtigkeit zu bauen.«

Max Emanuel (reg. 1679–1726) führte die Kunstbestrebungen seiner Mutter Henriette Adelaide ambitioniert fort. Sein künstlerisches und politisches Bestreben war jedoch bestimmt von einem ausgeprägten Souveränitätsbewusstsein und einem Monarchiestreben, das er in repräsentativen Schlossbauten und kriegerischen Eroberungen verkörpert sah. Seine ersten Regierungsjahre waren geprägt durch die siegreichen Türkenkriege, die ihm internationales Ansehen einbrachten. 1685 heiratete er die Habsburgerin Maria Antonia, eine nominelle Erbin Spaniens. König Karl von Spanien übergab ihm daraufhin die Statthalterschaft über die Spanischen Niederlande, die Max Emanuel von 1692–1701 wahrnahm. Zwischen 1693 und 1699 sind vier längere Aufenthalte

Henrico Zuccallis an der Residenz Max Emanuels in Brüssel zu verzeichnen. In dieser Zeit war Zuccalli auch für den Bruder des Kurfürsten tätig: Der Kölner Fürstbischof Joseph Clemens (1671–1723) war sogar Pate des ersten Kindes der sechs Nachkommen Zuccallis aus der Ehe mit Maria Magdalena Margareta Carduffin; es wurde auf den Namen Joseph Clemens Ulrich getauft.

1695 ernannte Max Emanuel Zuccalli zum Oberarchitekten mit der »direction aller churfürstl. gebäu sovoll zu Schleißheimb als sonsten im Landt, [...] und einfolglich die disposition über die künstler, Handwerksleuth und Arbeiter«. Damit erhielt dieser eine ranghohe Stellung im Hofstaat, die sonst nur Adeligen vorbehalten war.

Das Gemälde (um 1720) zeigt Max Emanuel in der Schlacht von Harzán 1687: Die Kriegsereignisse rücken in den Hintergrund, der Mut und die Tapferkeit des Feldherrn werden apotheotisch hervorgehoben.

GIOVANNI ANTONIO VISCARDI

1645–1713, von S. Vittore. Die Familie der Viscardi war früh an Auswanderungen beteiligt: Baumeister Bartolomeo (I.) Viscardi 1555–1669 ist in der Steiermark nachweisbar. Sein Vater war der ab 1642 in Niederbayern tätige Baumeister Bartolomeo (II.) Viscardi (1599–1654). Kein Italienaufenthalt nachzuweisen. Einer der bedeutendsten Graubündner Architekten in Bayern und stärkster Konkurrent Henrico Zuccallis am Münchner Hof.

Wohl von diesem 1674 für ein Bauvorhaben aus der Heimat nach Altötting berufen. Als Saisonarbeiter kehrte Viscardi in der Anfangszeit im Winter immer nach S. Vittore zurück, wo er 1675 auch heiratete. Auf Veranlassung des bayerischen Kurfürsten Ferdinand Maria zog die ganze Familie 1677 nach München in das vom Hofadel bevorzugte vornehme Kreuzviertel. Viscardi besaß dort kein eigenes Haus, sondern

Bei dem Selbstbildnis (?) handelt es sich um das einzig bekannte Portrait Viscardis. Es zeigt ihn ein Jahr vor der Auswanderung. Die Inschrift auf der Rückseite besagt: »Johannes Antonius de Viscardi, Architectus de S. Victore Año Dni 1673.« Das helle jungenhafte Gesicht steht in starkem Kontrast zu dem dunklen Hintergrund. Der 28-Jährige hält in der linken Hand Skizzenblock und Stift.

war im sog. »Marcksteiner Messhaus« im »Finger Gässl« – am Platz des heutigen Hauses Maffeistraße 8 – ansässig. Freundschaftliche Beziehungen zu den einheimischen Familien von Berchem und von Wämpl, die Patenschaften für Viscardis Kinder übernahmen. 1678 Ernennung zum Hofmaurermeister (Nachfolger von Gaspare Zuccalli) und ab 1685 kurbayerischer Hofbaumeister mit einem Jahresgehalt von 400 Gulden und zwei Mass Wein pro Tag. Ein Konflikt mit Henrico Zuccalli wegen eines Grundstücks (Viscardi nutzte kleinen Garten vor dem Schwabinger Tor als Teil der Dienstbezüge) verschärfte Konkurrenzkampf zwischen den beiden Landsleuten: 1689 Amtsenthebung auf Betreiben Zuccallis, danach selbstständige Architektentätigkeit ohne größere Bauaufträge, ab 1702 erneut zum Hofbaumeister ernannt, Gehalt 600 Gulden samt zwei Mass Wein und zwei Mass Bier mit je zwei Broten pro Tag, 1706 Hofoberbaumeister, Juli 1713 Hofober- und Landbaumeister. Nach Viscardis Tod im September 1713 bewirbt sich sein Sohn Franz Xaver Rudolph als Baumeister am Hof und wird abgelehnt. Philipp Jakob Köglsperger erhält Viscardis Münchner Maurermeistergerechtigkeit.

Werke:

1674 Altötting, Wallfahrtskirche (Bauführung, Polier Henrico Zuccallis)

1676ff München, Schloss Blutenburg (Mitarbeit)

1685–89 München, Neues Schloss Schleißheim (Polier, Bauaufsicht, letzte Zusammenarbeit mit Henrico Zuccalli)

1691–1704 Fürstenfeldbruck, Umgestaltung des Klosters, ehem. Abteikirchenbau (Bauausführung nach seinem Tod)

1696 Landshut, Dechanthof (Neubau)

1700–13 Freising, ehem. Prämonstratenserkirche Neustift (Neubau, Ausführung Johann Jakob Maffiol)

1700–10 Freystadt, Wallfahrtskirche Maria Hilf

1702–05 München, Schloss Nymphenburg, Seitenpavillons und Galerien

1702–05 Lustheim, Kolonnaden (Abriss)

Palazzo Viscardi in S. Vittore, errichtet von Bartolomeo Viscardi und von dessen Sohn Giovanni Antonio um 1695 lediglich umgebaut. Der stattliche Bau in der Dorfmitte zeugt von außerordentlichem Wohlstand und Selbstbewusstsein der Baumeisterfamilie. Heute ist in den Räumen das Heimatmuseum »Museo Moesano« untergebracht.

1702–07 Schäftlarn, Prämonstratenserkloster, Neubau der Klostergebäude
1709–11 München, Bürgersaal
(Ausführung Johann Georg Ettenhofer)

1711–14 München, Dreifaltigkeitskirche
(Ausführung J. G. Ettenhofer)
1711–15 München, Karmeliterinnenkloster
(Entwurf, Ausführung P. J. Köglsberger)

Bauvertrag der Stadt Freystadt mit Viscardi aus dem Jahr 1710

»So mit H: Johann Antonij Viscardi Churfrtl: Hoffpaumaistern zu München, wegen der zu Freystatt bey Unser L: Fr: Hilf zuerpauern vorhabenten neuen Kürchen aufgericht worden; Erstlichen solle ged: H: Viscardi diese neue Kürchen erpauen, und aufführen, darbey nit nur alle maurer arbeith, wie selbe immer nammen haben mag: ausgenommen der Capitel schaft: unnd haubtgesimgser so vom Stocator gebuzt, unnd verweißt werden mueßen, dann die Steinmetzen arbeith, so absonderlich zuverdingen ist: verrichten, und darbey nit nur den Maurer Ballier, und Maurgesöllen, märtlträger, dann die taglöhner besolden, unnd bezallen, sondern auch den Kalch ansetzen, und einrennen: nit weniger die alte Kürchen vonn grunnd abbrechen, davon daß ienige, waß noch zu nuetzen, unnd zugebrauchen sein würdt, zum neuen gepäu appliciren, und dem gottshaus zum bessten anwendten, daß neue gepäu auch wans völlig aufgeführt: unnd verförttiget sein würdt, allenthalben sauber verbutzen, und verweissen, nitweniger daß Kürchenpflasster legen, unnd die zu diesem gepäu nöttig habente crisster, und pögen: ausser der Kuppel, unnd deß darzuerforderten Krissts, und grossen pögen, so die Zimmerleuth ohne sein entgelt zumachen und aufzurichten haben: richten, unnd machen lassen; mithin also dises werckh abgeredt: und versprochenermassen zu einem gueten, sauber: unnd dauerhafften stanndt perfectioniren, und verförttigen...«

Giovanni Simonetti

1652–1716 aus Roveredo. Brandenburgischer Hofstuckateur und Hofbaumeister. Tätigkeit in Berlin, Brandenburg, Anhalt-Zerbst und Sachsen (Leipzig).
Werke:
1680 Breslau, Dom, St. Elisabethkapelle
1686 Leipzig, Alte Börse, Stuckdecke
1689 Barby an der Elbe, Schloss (Bau und Stuckaturen)
1689 Frankfurt an der Oder, Junker- und Johanniterhaus
1689 Schwedt, Schloss
1689 Potsdam, Schloss Klein-Glienicke
1697/98 Berlin, Schloss Oranienburg
1705–11 Zerbst, Trinitätskirche, Schlossflügel (zerstört)
1708 Magdeburg, Dompropstei und diverse Häuser am Domplatz (Zuschreibung)
1708 Magdeburg, Königliches Haus, Fassade

Portrait des Stuckateurs Alberto Camesina.

Alberto Camesina

1675–1756, von S. Vittore. Bedeutender Stuckateur in Wien und Salzburg. Schüler des Tessiners Santino Bussi. In Wien Mitarbeiter der Architekten Fischer von Erlach und von Hildebrandt, ab 1710 Bürger der Stadt Wien und Meister, ab 1714 Hofstuckateur unter Kaiser Leopold I., führte einen Großbetrieb und genoss Hoffreiheit. In den zwanziger Jahren des 18. Jahrhunderts arbeitete er für die Familie des Fürsten Florian Anton von Liechtenstein in Feldsberg (Valtice) und Wilfersberg. 1713 heiratete Camessina zu St. Stephan die Tochter des wohlhabenden, bürgerlichen Maurermeisters Andrea Simone Carove, der ihm ein Haus in der Wiener Innenstadt überschrieb.
Werke:
1710 Salzburg, Schloss Mirabell
1710 Salzburg, Residenzschloss
1713 Wien, Altes Rathaus, Wappensaal
1720 Wien, Stadtpalais Liechtenstein
1724 Wien, Oberes Belvedere
1725f Wien, Karlskirche, Sakristei und Oratorien
1727ff Wien, Hofbibliothek

Portraitzuschreibung Alberto Camesina zweifelhaft; die Aussage geht auf seinen Urenkel gleichen Namens zurück, der – bereits »integrierter Österreicher« – das Gemälde 1881 der Stadt Wien vermachte.

Oben: Kostbar stuckierter, kleiner Raum mit angrenzendem Alkoven im Wohnhaus ALBERTO CAMESINAS. Die Ausstattung, die er selbst um 1730 entworfen hatte, sollte wohl auch als Musterdekoration für potenzielle Kunden dienen. Das Deckenmedaillon aus weißem Glanzstuck zeigt die von drei Putten umringte Ruhmesgöttin mit Lorbeerkranz. Roter und gelber Stuckmarmor wechseln sich mit vergoldeten Feldern ab. Eine derartige Kombination war nur in Räumen mit höchstem Anspruch, z.B. in Schlosssälen, üblich.

Unten: Das Wohnhaus CAMESINAS in der Wiener Schulerstraße 8/Domgasse 5. Nach seinem Tod 1756 vermachte Camesina seinen drei Söhnen, die sich geistigen Studien widmeten und nicht den Stuckateurbetrieb übernahmen, dieses Haus und die Summe von 46 455 Gulden. Heute wird es von unzähligen Touristen aufgesucht, aber nicht aufgrund des Hofstuckateurs Camesina, sondern weil 1784/85 an dieser Adresse ein berühmterer Nachmieter, Wolfgang Amadeus Mozart, gewohnt und die »Hochzeit des Figaro« komponiert hatte. Diese Tatsache verdeutlicht den Wohlstand, den der Graubündner nicht nur zu Lebzeiten genoss.

GIACOMO ANGELINI/ JAKOB ENGEL

1632–1714, von S. Vittore. Seit 1661 »Hochfürstlicher Schanzmeister« in Eichstätt, ab 1667 regelmäßige Visitationen der bischöflichen Gebäude im Hochstift Eichstätt, ab 1688 »Hochfürstlicher Bau- und Maurermeister« des Bischofs. Engel prägte über fünfzig Jahre unter vier Fürstbischöfen das Baugeschehen im Hochstift Eichstätt. Im Jahr 1671 heiratete der langjährige Hofbaumeister die Tochter eines Augsburger Boten, Anna Mayer, die jedoch 1685 starb. Ab 1686 Ehe mit Maria Walburga Heugel, Witwe eines Hofrats und Schwägerin des Generalvikars. Jakob Engel war immer Angehöriger des fürstbischöflichen Hofes, aber nie Eichstätter Bürger – obwohl seine Frau einen florierenden Tuchhandel betrieb und die Familie in einem Bürgerhaus in der Hinteren Marktgasse (heute Marktplatz 10) wohnte.

Werke:
1672 Eichstätt, ehem. Dompropstei
1675 Eichstätt, Spethscher Hof (Zuschreibung)
1687 Pietenfeld, St. Michael
1688 Eichstätt, Ulmer Hof (Umbau)
1688 Eichstätt, Präsidentenhof (Umbau)
1690 Pappenheimer Hof, Erker
1690 Eichstätt, Spethscher Hof, Ostervorstadt
1694 Eichstätt, ehem. Vizedomamt
1698f Spalt, Pfarrkirche St. Emmeran (Plan)
1699ff Eichstätt, Heilig-Geist-Spitalkirche (Wiederaufbaupläne)
1699–1707 Fürstbischöfliche Residenz, Ost- und Westflügel
1702 Schleißheim, Schloss (Sachverständiger)
1707 Pfalzpaint, St. Andreas
1710 Inching, Schlösschen (Zuschreibung)

Portrait GABRIEL DE GABRIELIS in stolzer, herrschaftlicher Pose. Sein Aussehen erinnert an das eines Kurfürsten.

GABRIEL DE GABRIELI

1671–1747, von Roveredo. Sohn des Maurermeisters Giovanni Gabrieli und dessen Frau Domenica, einer geborenen Zuccalli. Früheste Erwähnung 1689 in der »Lista delle Candele« der Sakramentsbruderschaft von Roveredo. In diesem Jahr wurde er zum Gesellen freigesprochen. Es waren wahrscheinlich die Beziehungen zu seinem entfernten Onkel Henrico Zuccalli und zu Antonio Riva, die Gabrielis erste Anstellung ermöglicht haben. Mehrmonatiger Italienaufenthalt ist 1693 nachgewiesen. Er war »Fürstlich Liechtensteinischer Oberbaumeister« im Dienst des Wiener Fürsten Johann Adam Andreas von Liechtenstein und schließlich »Hofkammerrat und Oberbaudirektor« des Fürstbischofs in Eichstätt. 1702 wandte sich Gabrieli erstmals an das Domkapitel mit der Bitte »umb gnedige Recommendation ahn Ihro Hochfürst: Gnaden, das er die Expectanz uff das Paumaister Ambt erhalten möge.« Der Fürstbischof begrüßte zwar die Bewerbung, denn Gabrieli sei »in seiner Profession sehr renomiert, auch ein guter practicierter Paumeister höchstens vonnöthen«. Doch »so lang der Maister Jacob allein raisen kann, so ist der andere nit nöthig.« Erst 1714, ein halbes Jahr vor Engels Tod, wurde Gabrieli zum neuen Hofbaumeister ernannt. Er vermachte seiner Geburtstätte Roveredo 1744 alle seine Güter zur Gründung einer Lateinschule, die seinen Namen tragen sollte. Seinen Kindern hinterließ Gabrieli ein stattliches Vermögen im Wert von 55 000 Gulden.

Werke:

1694 Wien, Palais Liechtenstein
(Weiterführung der Bauarbeiten)

1705–16 Ansbach, Schloss, Hauptfassade
(Südostflügel) und Arkadenhof

1697ff Ansbach, Prinzenschlösschen

1699–1702 Dittenheim, Evangelische Kirche, Langhaus

1712 Thalmässing, Evangelische Pfarrkirche (Pläne)

1714–40 Eichstätt

1714 Willibaldschor, Domwestfassade

1715ff Domherrnhof Welden
(Leonrodplatz 2)

1719ff Klosterkirche Notre Dame du Sacre Coeur

1725ff Residenz, Südflügel

1728 Hofkanzlei, Neubau (Residenzplatz 2)

1730 Domherrnhof Ostein (Luitpoldstraße 1)

1730–36 Kavalierhöfe
(Residenzplatz 6, 8, 10, 12)

um 1730 Ehem. Generalvikariat
(Residenzplatz 4)

1730–40 Lustschlösschen mit Gartenpavillon (Ingolstädter Straße 32)

1732 Domherrnhof Dietrichstein
(Residenzplatz 16)

1732 Kanonikerhöfe (Residenzplatz 9–15)

1732ff Kloster Rebdorf, Konventflügel

1733 Wohnhaus, Fassade (Gabrielistraße 4)

1735ff Fürstbischöfliche Sommerresidenz
(Ostenstraße 24)

1735 Stadtpropstei (Westendstraße 1)

1736 Domherrnhof Schönborn
(Pater-Philipp-Jeningen-Platz 5)

1737 Domherrnhof Groß
(Leuchtenbergstraße 1)

1739 Domherrnhof Ulm (Residenzplatz 18)

vor 1747 Grabmonument (Entwurf)

Sein Wohnhaus in Eichstätt wurde im 17. Jahrhundert wohl unter der Leitung von JAKOB ENGEL erbaut. Gabrieli erwarb das Gebäude 1732 für 2700 Gulden und gestaltete es innerhalb eines Jahres zu seinem repräsentativen Privathaus um. Es trägt eine der schönsten Frührokokofassaden Eichstätts.

Oben: Das Grabdenkmal von GABRIEL DE GABRIELI auf dem Ostenfriedhof in Eichstätt wurde von ihm selbst kurz vor seinem Tod 1747 samt Inschrift entworfen und von GIOVANNI DOMENICO BARBIERI ausgeführt. Die Form ähnelt seinen typischen Portalarchitekturen. Die Hermenpfeiler tragen Sanduhr und Winkelmaß als Symbole der menschlichen Vergänglichkeit und der Architektur.

Grabinschrift

»Halte Wanderßmann und beschaue dieses steinerne toden gerüst, Welches der Hochfürst: Eychstett: Hoff Cammer Rat und bau Director gabriel de Gabrieli auf dem Krankenbette selbsten entworffen und bey seiner grabstatt zu errichten anbefohlen. Irre dich nicht, Wandersmann, dieses ist kein Todengerüst, Eß ist ein Entwurff desjenigen Waß er im Leben durch kunst erlanget und in der jugend geliebet hat.

Hier ligt der jenige Welcher in noch nicht manbahren jahren die Edle bau Kunst sehr Hoch getrieben, davon gibt ihn der Fürst Lichtensteinsche ballast zu Wien, dan die Residenz zu anolzbach den wahren beweiß, Waß treffliche gebäu hat er nicht nach anorden der befehlenden der residenz statt Eychstätt in Vier und dreysich jahr gegeben. Waß Kirchen und altär in der statt und auf dem Land hat er nicht errichtet und gezieret, hat er sich nicht würdig gemacht auch Einsmals vor den altar der Vergeltung belohnet zu werden.

Er hat dahier in diensten dreyer Hochwürdigsten bischöff und Fürsten bewiesen, waß er in der jugend gelernet und bis in das zwey und achzigste jahr fortgeführet, dan den ein und zwanzigsten Monaths tag Marzy des Eintausend sieben hundert und sieben Vierzigsten jahrs mit dem Leben beschlossen.

Er erwartet für diese grose Miehe und seine besondere Liebe gegen den allmächtigen Gott der gebenedeyesten Jungfrauen Maria und allen Heiligen, diejenige dauerhafte belohnung Welche die welt ihn und den seinigen Nicht geben noch zu ertheilen Vermag. Wandersmann, bitte also Vor ihn und wünsche den jenigen, die Hier in staub und aschen Ligt und die fröliche auferstehung Hoffet die Ewige Ruhe. Amen.«

Links: Grabstein, Detail. Zwischen Verkündigungsrelief — die Szene mit Maria und Erzengel Gabriel scheint in eindeutiger Beziehung zu seinem Namen gewählt — und Inschrifttafel verweist der Genius der Architektur auf die von einem Putto gehaltene Planrolle.

Portraits von GIOVANNI DOMENICO BARBIERI und seiner Gattin Agnes Emerita (gest. 1793). Die prachtvolle Kleidung dokumentiert ihren Wohlstand. 1731 versuchten Gabrieli und Rigaglia, ihn zu einer Hochzeit mit einer Eichstätterin zu überreden. Barbieri bevorzugte jedoch entschie-

den die von seiner Mutter in der Heimat auserwählte Braut, die ihm – laut seinen Tagebuchaufzeichnungen – »kräftig, gut aussehend und gut angezogen erschien«. Die dreitägige Hochzeitsfeier fand 1732 im Palazzo Comacio in Roveredo statt. Seine Frau sollte ihm sechs Kinder gebären.

GIOVANNI DOMENICO BARBIERI/ JOHANNES DOMINIKUS BALBIERER

1704–64, von Roveredo. Entstammt einer Baumeisterfamilie, ein Vorfahre war Tommaso Comacio; sein Vater jedoch Händler. Der sechzehnjährige Barbieri verließ seine Heimat in Begleitung seines Lehrherrn Giovanni Rigaglia d. J. Er konnte weder Deutsch sprechen, noch »Bier trinken«; seit 1720 in Eichstätt im Wirkungs- und Freundeskreis von Baudirektor Gabrieli nachgewiesen. Seit 1722 als ausführender Polier tätig. Als bedeutendster Schüler Gabrielis baute und modernisierte Barbieri in Eichstätt und Umgebung im Stil des Spätbarock und Rokoko. Werke:
1720–27 Eichstätt, Kloster Notre Dame du Sacre Coeur (Mitarbeit, Bauleitung)
1724 Eichstätt, Ostein-Hof
1727ff Eichstätt, Domdechantei (Ehem. Domherrenhof Pfündt)
1729 Hirschberg bei Beilngries, Schloss
1733 Altdorf, Kirche (Fertigstellung)
1737 Eichstätt, Stadtpropstei

1737f Nassenfels, Pfarrkirche (Ausführung nach Plänen de Gabrielis)
1750 Dompfarramt (Ehem. Domkapiteltrinkstube)
1752f Spalt, Domdechantei
1755f Schambach, Pfarrkirche (Pläne)
1756 Bergen bei Neuburg, Wallfahrtskirche (Umbaupläne, Ausführung Domenico Sala)
1758 Ehem. Waisenhaus (Ostenstraße 25) (nach Plänen Mauritio Pedettis)
1760f Pfahldorf, St. Johann Baptist
1763 Rebdorf, Konvent (Renovierungen)

Signatur GIOVANNI DOMENICO BARBIERIS.

Grabstein von GIOVANNI DOMENICO BARBIERI auf dem Eichstätter Friedhof. Barbieri war einer der letzten Graubündner Baumeister, die im nördlichen Ausland wichtige Großaufträge erhielten.

Auf dem Eichstätter Ostenfriedhof ist auf dem von Johann Jakob Berg entworfenen Grabstein eine weibliche Personifikation der Architektur dargestellt. Die Inschrift berichtet vom Ruhm des toten Baukünstlers: »Epitaph des wohledlen und kunstreichen Joh. Dominikus Barbieri, welcher ein wahrer Christ gewesen, Gott und seinen Nebenmenschen aufrichtig gedient und dem Hochfürstlichen Hochstift als Baumeister recht erspriessliche Dienste geleistet. † 13. Sept. 1764.«

MARTINO ZENDRALLI

1657–1745, von Roveredo. Hofmaler in
München. 1688 heiratete er im Dom zu
Unseren Lieben Frau. Die Eintragung lau-
tet: »Martin Zentrall und Maria Eleonora
Zöchin. Testes: Joh. Jak. Endrezs, Churfürstl., Johann Khreitmayr, Hofsekretär.«
Zendralli war befreundet mit seinen Lands-
leuten Zuccalli und Viscardi: 1691 erscheint
Viscardi als Taufpate seines ersten Sohnes
Josephus Antonius, 1694 war Zuccallis Gat-
tin Taufpatin seiner Tochter Maria Anna
Magdalena. Von zwei weiteren Kindern
standen 1699 Henrico Zucalli selbst und
1703 wieder dessen Gattin Paten. Martino
Zendralli pflegte stets engen Kontakt mit
der Heimat, da er im Jahr 1714 einen Auftrag der Pfarrkirche von Roveredo annahm.
Werke:
1714, Roveredo, »Anbetung Mariä«
München, Werke unbekannt

Im Gegensatz zur ausgeprägten Baumeister-
und Stuckateurtradition gibt es den Berufs-
stand der Misoxer Maler jenseits der Alpen
weitaus seltener. In Graubünden hingegen
weisen Barockkirchen einen großen Bilder-
reichtum auf, zu dem Misoxer Freskanten
beigetragen haben. In Bayern wirkte hauptsächlich die Malerfamilie Zendralli.

Selbstportrait des Hofmalers mit Malpalette und der bezeichnen-
den Inschrift »Martinus zenDrall pICtor MonaChII ÆtatIs sVe
56«. Das Bildnis ist in einem Medaillon in dem Gemälde »Anbetung Mariä« festgehalten, das Zendralli im Auftrag seiner Heimat-
gemeinde Roveredo malte.

Niedergang

Als im frühen 18. Jahrhundert die französische Mode endgültig Einzug in die Höfe der
Regenten hielt und die absolutistische Staatsform den kleinen Adel entmachtete, verloren die Bauherren allmählich das Interesse
an den italienisch geschulten Graubündner
Baumeistern und Stuckateuren. Einzig in
Eichstätt war die italienische Architektur
von fürstbischöflicher Seite bis zur Jahr-
hundertmitte gefragt.

Die Totenbücher von Roveredo berichten zwar noch von zahlreichen Verstorbenen im nördlichen Ausland – diese waren

aber bei weitem nicht mehr so berühmt wie
ihre Vorgänger. Die Hochphase, als die Misoxer Meister die zisalpine Barockarchitektur
wesentlich bestimmten, war endgültig vorbei. Ihr unvergleichliches Stilempfinden und
ihre perfekten Handwerkskenntnisse, die sie
Generation für Generation weiter vermit-
telten, gingen mit der Zeit verloren. Erhalten
sind uns prachtvolle Denkmäler zahlreicher
»welscher« Baukünstler, die es so einzigartig
verstanden, italienische Tradition mit einer
nördlichen Note zu versehen und damit
südliches Flair in unsere Städte zu bringen.

Baudenkmäler

Süddeutschland

Das Gros der Graubündner Baukünstler ließ sich im Süden des heutigen Deutschland nieder – selbst unter Berücksichtigung der neueren Forschungsergebnisse, die osteuropäische Auswanderungsgebiete thematisieren. Vor allem innerhalb der Grenzen des bayerischen Kurfürstentums hatten die Begabtesten und Selbstbewusstesten unter ihnen die Möglichkeit, sich an großen höfischen Bauaufträgen zu beteiligen und zu Ruhm und Wohlstand zu gelangen.

Frühe Bautätigkeit

Ende des 16. und Anfang des 17. Jahrhunderts waren nur vereinzelt größere Bauaufträge an Misoxer Handwerker und Baumeister zu vergeben. Die wenigen frühen Bauzeugnisse dokumentieren die eigenwillige, charakteristische Kombination von italienischen Stilformen mit regionalen Elementen und spätgotischen Raumsystemen.

Die Graubündner waren wesentlich an der Wiederbelebung zweier mittelalterlicher Raumtypen beteiligt, die für unzählige spätere Barockkirchen im deutschsprachigen Raum vorbildhaft wirken sollten: Zum einen setzte sich der Umbau der spätgotischen *Hallenkirche* mit gleich hohen Schiffen durch, die mit ihrer Tendenz zum Einheitsraum das barocke Raumempfinden vorwegnahm. Zum anderen gab es einen Rückgriff auf die einschiffige *Wandpfeilerkirche* zu verzeichnen, deren Strebepfeiler in den Innenraum einbezogen sind, wodurch ein kompakter Außenbau entsteht. Das Bauschema war nicht nur in Bayern und Österreich, sondern auch in Graubünden weit verbreitet. Die Misoxer Meister entwickelten den Typus variantenreich weiter; er sollte bis ins 18. Jahrhundert den Sakralbau beherrschen.

Neuburg an der Donau
Kath. Kirche Mariä Himmelfahrt, ehem. Hofkirche

Pfalzgraf Philipp Ludwig entschloss sich 1602 zum Neubau einer protestantischen Hofkirche, nachdem der Turm des Vorgängerbaus eingestürzt war und das Langhaus beschädigte. Der Graubündner Baumeister Gilg Vältin wurde 1607–16 zur Fertigstellung der Hofkirche – nun als katholische Marienkirche – herangezogen, »...weil im Fürstenthum keine, in bedeutenden Bauten geübte Leute vorhanden wären, derselbe dem welschen Maurermeister Gilg übertragen werden sollte.« 1624–27 wurde der Turm nach Plänen Hans Alberthals, unterstützt von Antonio Serro, vollendet. Der Pfalzgraf bezahlte Alberthal mit 5500 Gulden, dazu erhielt er »ein guldene ketten«.

Die dreischiffige, kreuzgratgewölbte Hallenkirche ist in der Raumform noch der Gotik verpflichtet, der Aufriss mutet jedoch neuzeitlich an. Die Tessiner Gebrüder Castelli stuckierten 1616–19 den Innenraum, wobei sich die streng geometrische und regelmäßige Formgebung an der Architektur orientiert. Die klare Wandgliederung mit deutlichen Renaissance-Formen ist von der römisch-lombardischen Cinquecento-Architektur beeinflusst.

Oben: Neuburg an der Donau, ehem. Hofkirche, Ansicht in Richtung des Chores.

Unten: Neuburg, ehem. Hofkirche, Außenansicht.

Gerade in den Anfängen ihrer Bautätigkeit wurden die Misoxer Meister durch Zusammenarbeit und Austausch mit den benachbarten Tessinern und lombardischen Comasken mit deren Bautraditionen vertraut gemacht. Der Stil der Graubündner war jedoch klarer, nüchterner und weniger dekorfreudig – insgesamt eine Spur »nördlicher«.

Dillingen
Studienkirche und Akademieviertel

Dillingen war von 1543−1690 Hauptresidenz der Augsburger Bischöfe. Kardinal Truchsess von Waldburg gründete 1549 für die Ausbildung der Kleriker eine Akademie, die bald in den Rang einer Universität erhoben und 1563 vom ansässigen Jesuitenorden übernommen wurde. Sie galt als Studienort der bayerischen Adelssöhne und Hauptbildungsstätte der katholischen Bündner; die Ausländern zur Verfügung stehenden Freiplätze nutzten v. a. Studenten aus Roveredo.

Mit der Errichtung dieses einzigartigen städtebaulichen Ensembles etablierte sich ein eigener Stil. Italienische Vorbilder erfuhren eine Anpassung an die traditionelle regionale Formensprache: Die in der Renaissance vorherrschende horizontale Gliederung wurde mit gotischen vertikalen Pilastern, Giebeln und Eckerkern kombiniert.

1610−17 errichteten HANS ALBERTHAL als entwerfender Baumeister und sein Bruder ALBERT, der als Polier tätig war, die Jesuiten- und Universitätskirche im Auftrag des Fürstbischofs Heinrich von Knoeringen. Der blockhafte Baukörper mit steilem Satteldach und hohen Gauben weist eine klare architektonische Gliederung auf und harmonisiert mit der angrenzenden Fassade des Jesuitenkollegs und der Universität, die 1688/89 nach Plänen Alberthals errichtet wurde. Der das Akademieviertel im Osten begrenzende sog. Säkularenbau war 1621 nach Plänen Alberthals für die weltlichen Studierenden erbaut worden.

Die einschiffige Wandpfeilerkirche von Dillingen − diesen Prototyp propagierten die Jesuiten − ist neben St. Michael in München eine der ersten nördlich der Alpen.

Dillingen, Studienkirche, Jesuitenkolleg und Universität, Blick von Osten.

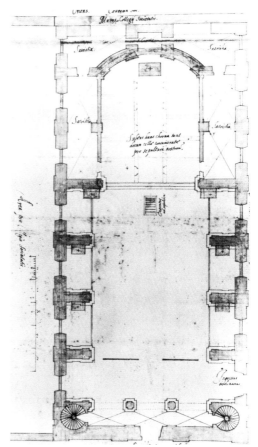

Grundriss der Dillinger Kirche. Sie war stilbildend für den ganzen katholischen Süden Deutschlands.

Links: Dillingen, Studienkirche, Detail eines Wandpfeilers. Der tonnengewölbte Innenraum der Kirche wurde ab 1750 durch Hinzufügung von Fresken und Stuckdekor im Stil des Rokoko umgestaltet. Die für den Bautypus charakteristischen Wandpfeiler sind an drei Seiten mit Pilastern besetzt. Einige der Kapitelle wurden nicht durch nachträgliches Dekor verändert und sind im ursprünglichen Zustand erhalten.

Unten: Ansicht des nördliches Chororatoriums. In der Bildmitte ist ein mit zusätzlichem Dekor versehener Wandpfeiler zu sehen.

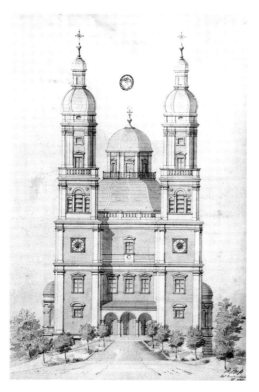

Kempten, St. Lorenz, Fassade nach Ausbau der Türme, 1895. Die blockhaften Turmaufbauten mit Palladio-Motiv stammen hingegen von Serro.

Der Grundriss einer Bauaufnahme von 1810 zeigt die Durchdringung von Lang- und Zentralbau; die Raumeinheiten sind im Inneren völlig unabhängig voneinander erfassbar.

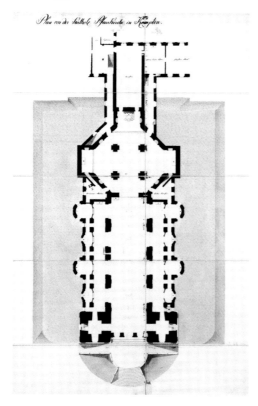

Barocke Kirchen und Klöster in Bayern

In der zweiten Hälfte des 17. Jahrhunderts lässt sich eine von Prälaten und Fürsten geförderte, äußerst intensive Schaffensphase auf dem Bausektor feststellen. Im Geist des Absolutismus konkurrierten geistliche Herrscher mit weltlichen, indem sie große, repräsentative Kirchen und Klosteranlagen errichten ließen, die Besitz und gesteigertes Ansehen angemessen demonstrieren sollten. Zendralli charakterisiert die Epoche, in der Graubündner Baumeister die bedeutendsten Sakralbauten errichteten:

»Es ist die Zeit des Barock, in der die erhabenen, monumentalen Bauten bewegte Fassaden mit Risaliten, Säulenreihen, verbunden mit Pilastern, mit gebrochenen, stark hervorspringenden Gesimsen, mit bewegten Skulpturen bekamen und deren Innenräume mit reichsten Ornamenten und Stukkaturen, mit Fresken und Bildern belebt wurden.«

Langbauten

Längsgerichtete Kirchen zeichnen sich durch eine eindeutige Ausrichtung und einen kreuzförmigen Grundriss mit verschieden langen Armen aus, wobei das Langhaus das Querschiff durchdringt und in der Apsis endet.

Kempten
Ehem. Stiftskirche St. Lorenz

Der Neubau der Kemptener Stiftskirche war der erste große Sakralbau in Süddeutschland nach dem Dreißigjährigen Krieg. Der Fürstabt Roman Giel von Gielsberg beauftragte 1651 den Vorarlberger Michael Beer mit dem Bau der Klosterkirche; JOHANN SERRO übernahm die Leitung ab 1654. Der Misoxer änderte 1659 den vorgesehenen Typus einer Wandpfeilerkirche in den einer Basilika um, entwarf die Doppelturmfassade und vollendete das zentrale Choroktogon.

58

Kempten, St. Lorenz, Blick in den Tambour des Choroktogons. Der lichte Innenraum ist gleichmäßig strukturiert. Das plastisch gestaltete Dekorationssystem mit figürlichen und ornamentalen Motiven folgt der architektonischen Gliederung. Die Stuckausstattung (1660–63) stammt von dem zweiten in Kempten tätigen Graubündner Baukünstler GIOVANNI (BATTISTA) ZUCCALLI; der Stuckateur war dem Fürstabt wahrscheinlich von Serro empfohlen worden.

Einzug der Veteranen des Stadt- und Landgerichtsbezirks Kempten in St. Lorenz 1841.

Tegernsee
Kath. Pfarrkirche St. Quirinus und Kloster

Abt Bernhard Wenzel setzte den Baubeginn des Klosters für das Jubiläumsjahr 1678 fest – die Gründung des Stifts erfolgte 978. Die dreißigköpfige Baumannschaft bestand aus einheimischen Maurer- und Zimmermeistern.

Dem »welschen« HENRICO ZUCCALLI wird jedoch der Entwurf der weitläufigen, wohl proportionierten Klosteranlage zugeschrieben. Das bedeutsame Stift Tegernsee, dessen Äbte große Persönlichkeiten der altbayerischen Klosterlandschaft darstellten, stand im 17. Jahrhundert in engem Kontakt zum Münchner Hof, dessen Baumeister seit 1672 Zuccalli war.

Im zweiten Bauabschnitt 1689 nahm die Klosterführung ANTONIO RIVA für die Errichtung des Gast- und Bräuhaustraktes sowie für Umbauarbeiten an der Kirche unter Vertrag: »Beding welches zwischen dem Closster Tegernsee und Herrn Antonio Riva den 18. May vorbey gangen...« Bei den Gehaltsverhandlungen verlangte Baumeister Riva 11 100 Gulden, zugesagt wurde ihm jedoch nur ein Betrag von 9000 Gulden zuzüglich Kost:

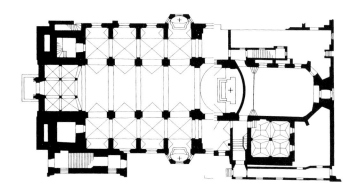

> *»Weithers ist gedingt worden, das alhieriges Closster ihme H. Antonio Riva, wan selbiger alhier beim gebeu zuesiehet, die khosst fir sein person, und das fuether fir sein pferdt zuverschaffen: Wie auch den Pallier, neben Pöth und Zimer 5. Maß pier, und zu nachts etwas zu essen nemblich am Fleischtag bey 1 pfd. Fleisch, an Fasstagen aber etwas von mell oder khiechlein zugeben schuldig sein solle.«*

Oben: Tegernsee, St. Quirinus, Ansicht in Richtung des Chores.

Unten: Tegernsee, ehem. Klosterkirche, Grundriss. Im Zuge der barocken Umgestaltung wurde ein Querhaus eingefügt.

Tegernsee, St. Quirinus, Vierungspfeiler.

Im Inneren der dreischiffigen Basilika sind kannelierte Pilaster an den Mittelschiffspfeilern angebracht, darüber verläuft ein verkröpftes Gebälk und eine Stichkappentonne mit Gurten. Italienische Stuckateure schufen 1688–90 in unverwechselbarer Anlehnung an die nur kurz zuvor fertig gestellte Ausstattung der Münchner Theatinerkirche die plastische Innendekoration, die aus üppigen Fruchtgirlanden, Akanthusranken, Kartuschen, Rollwerk, Palmwedeln, Putten und Engelsköpfen besteht.

Gmund am Tegernsee
Kath. Pfarrkirche St. Ägidius

LORENZO SCIASCIA baute ab 1687 die Klosterkirche Weyarn; von 1688–90 errichtete er im zwölf Kilometer entfernten Gmund einen Neubau unter Einbeziehung des mittelalterlichen Zwiebelkirchturmes: Der dem Kloster Tegernsee eingemeindete Vorgängerbau war durch einen erheblichen Brandschaden im Dreißigjährigen Krieg zerstört worden. Für den Abriss der Grundmauern der alten Kirche, seinen Entwurf und die

Ausführung des Neubaus erhielt Sciascia einen Betrag von 6450 Gulden. Die Pfarrkirche von Gmund entstand unter dem Patronat von Abt Bernhard Wenzel, der auch die Baumaterialien stiftete.

Schon 1695 wurde der in »Kloster Tegernseeische bishero geweßte Paumeister« ANTONIO RIVA zur Begutachtung und Reparatur eines aufgetretenen Schadens nach Gmund zitiert.

Die Pfarrkirche von Gmund mit ihrem mittelalterlichen Zwiebelturm in einer Ansicht von Süden.

Die weitläufige, emporenlose Wandpfeilerkirche von Gmund am Tegernsee entstand
nach dem Vorbild der Münchner Michaelskirche als vierjochiger Saalbau mit streng li-
near gestaltetem Stuck. Die Misoxer Baukünstler ließen sich durchaus von den
prachtvollen Sakralbauten der Großstädte
inspirieren, um dann auch kleine Dorfkirchen in ländlicher Gegend zu errichten. So
hat gerade LORENZO SCIASCIA in Oberbayern einige bedeutungsvolle emporenlose
Wandpfeilerkirchen errichtet.

Oben: Gmund am Tegernsee, St. Ägidius, Innenraum in Richtung
des eingezogenen Chores.

Rechts: Weyarn, kath. Pfarrkirche St. Peter und
Paul. Der Neubau der Augustinerchorherrenstiftskirche erfolgte 1687–93 durch LORENZO
SCIASCIA unter Beibehaltung des Turmunterbaus
von 1627–32; der achteckige Turmabschluss
wurde erst 1713 aufgesetzt.

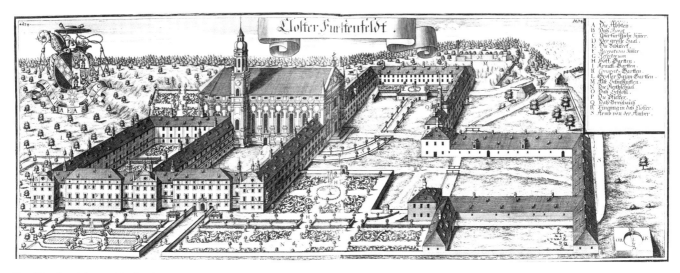

Der Kupferstich von Michael Wening, 1699, (»Joan Antoni Viscardi Seremi: Elect: Bavariae Architector inuenit del: et Dedicauit.«) zeigt GIOVANNI ANTONIO VISCARDIS einzigen gesicherten Entwurf für die gesamte Klosteranlage von Fürstenfeld. Dargestellt sind zwei symmetrisch um die Abteihöfe angelegte Klostergebäude und die umgebaute mittelalterliche Kirche, die sich jedoch nicht nur in der Fassadengestalt von dem realisierten Sakralbau unterscheidet.

Klosterkirche Fürstenfeldbruck auf einer Ansichtskarte von 1912.

Fürstenfeldbruck
Pfarrkirche St. Bernhard, ehem. Klosterkirche St. Mariä Himmelfahrt

Herzog Ludwig der Strenge gründete im 13. Jahrhundert das Zisterzienserkloster Fürstenfeld. Der durch Kriegseinflüsse erforderlich gewordene barocke Neubau entstand 1691–1703 unter Abt Balduin Helm nach Plänen GIOVANNI ANTONIO VISCARDIS. Der Bau der Abteikirche St. Mariä Himmelfahrt (1700–66) wurde von ihm begonnen. Nach dem Tod des Graubündners 1714 führte der Münchner Stadtmaurermeister und Mitarbeiter Johann Georg Ettenhofer den Bau nach überarbeitetem Entwurf fort.

Die fünfachsige, zweistöckige Kirchenfassade mit hohem Volutengiebel wird vertikal durch gesockelte Vollsäulen der klassischen Ordnung gegliedert. Das mit den Säulen stark verkröpfte Gebälk und die beiden gesprengten Giebel des Mittelrisaliten tragen dazu bei, dass die Schauwand extrem vor- und zurückspringt und dadurch sehr plastisch wirkt. Aufgrund ihrer massigen Proportionen und ihrer statischen Mächtigkeit wurde jedoch die Autorschaft Viscardis mehrmals angezweifelt.

Der Bezug zur Jesuitenkirche St. Michael in München wird nicht nur im Grundriss der vierjochigen Wandpfeilerkirche mit eingezogenem Chor deutlich; allerdings wurde das ursprüngliche Raumkonzept der Spätrenaissance durch die reiche barocke Innenausstattung verändert.

Fürstenfeldbruck, Fassade der Klosterkirche, 1747 von Viscardis Nachfolger Ettenhofer vollendet. Viscardi war einer der wenigen Graubündner Baumeister, die ihre Projekte in Zusammenarbeit mit Einheimischen ausführten.

Zentralbauten

Die Meister der Hauptgeneration der emigrierten Baukünstler, HENRICO ZUCCALLI, GIOVANNI ANTONIO VISCARDI und GIOVANNI GASPARE ZUCCALLI führten den Zentralbau nach italienischem Muster in Süddeutschland und Salzburg ein. Dieser Raumtyp – ausgehend von einem betonten Mittelraum entwickelt sich das Bauwerk gleichmäßig nach allen Seiten fort – wurde zur Hauptintention ihrer Sakralräume.

Vergleicht man die Grundrissformen von Berninis Zentralbau in Arriccia, Zuccallis Entwurf für die Kirche Altötting und den Plan Viscardis für die Marienkirche in Freystadt, so wird die vorbildhafte Funktion des italienischen Rundbaus mit Kapellen für die Architektur der Graubündner deutlich.

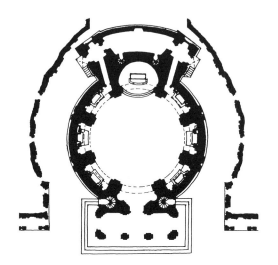

Freystadt
Wallfahrtskirche Mariahilf

Ferdinand Lorenz Franz Xaver Graf Tilly beauftragte den Baumeister GIOVANNI ANTONIO VISCARDI mit dem Entwurf dieser Wallfahrtskirche, die 1700–10 außerhalb von Freystadt in der Oberpfalz mitten auf freiem Feld erbaut wurde. In dem bedeutungsvollen Zentralbau verschränken sich die Grundformen Quadrat, Kreuz, Kreis und Oktogon kunstvoll ineinander.

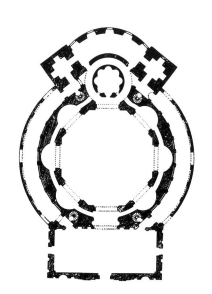

Der kompakte Bau wird von einem griechischen Kreuz durchdrungen, dessen Querarme risalitartig hervortreten. Die Verlängerung der Längsachse durch Altarraum und Vorhalle wirkt mittels abgeschrägter Kanten auf den Gesamtbau nicht dominierend. Durch vier diagonal eingesetzte Kapellen erweitert sich die Bauform zum oktogonalen Grundriss.

Oben: S. Maria dell' Assunzione, Arriccia, Gianlorenzo Bernini, 1662ff.

Mitte: Entwurf für die Wallfahrtskirche Altötting, HENRICO ZUCCALLI, 1672.

Unten: Marienkirche Freystadt, GIOVANNI ANTONIO VISCARDI, 1700–10.

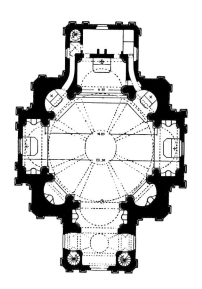

Die in der Architektur GIOVANNI ANTONIO VISCARDIS einzigartige Hausteinarchitektur (rötlicher Sandstein) ist als Anpassung an lokale Baugewohnheiten zu werten, da die Verwendung von Werkstein zur Außenverblendung zu dieser Zeit in der Oberpfalz häufig anzutreffen ist.

Die mit einer Laterne bekrönte, runde Scheintambourkuppel wird von vier Ecktürmchen flankiert, die den quadratischen, geschlossenen Unterbau kennzeichnen.

Im Inneren der Kirche markieren acht Säulenpaare die Ecken des Mittelraumes und bilden das bauliche Gerüst, das durch bis an das Kuppelgesims reichende Archivolten zusammenhängt.

Die Stuckdekoration Pietro Appianis von 1708/09 ist mit der architektonischen Gliederung verschmolzen; so folgt z. B. die Stuckgirlande dem Bogenlauf und verbindet die Arkaden miteinander.

Die Mauerflächen der Barock- und Rokokokirchen erlangten durch den zunehmend aufgelockerten und aufgelösten Wandaufbau einen lichten und weiten Raumcharakter und erfuhren durch die gestelzten Bögen einen starken Höhenzug.

Max Pfister resümiert: »Erstmals wurde hier in Süddeutschland das Wandpfeilersystem auf einen (italienschen) Zentralbau angewendet, wobei die Arkaden der Diagonalconchen – eine wichtige Neuerung! – gleich hoch hinauf reichen wie jene der Kreuzarme: eine Lösung, die in die Zukunft wies.«

Tatsächlich sollte die Innenraumgestaltung der Wallfahrtskirche Mariahilf in Freystadt die Sakralräume des Viscardi-Schülers Johann Michael Fischer (1692–1766) in Altbayern und Schwaben beeinflussen. Auch können Parallelen zum Bau der Frauenkirche George Bährs in Dresden, entstanden 1725–38, gezogen werden.

Oben: Freystadt, Wallfahrtskirche Mariahilf, Außenansicht.

Unten: Freystadt, Innenraum gegen Westen.

Oben: Die Klosteranlage Ettal um 1640, Stich aus der Topographie Merians. HENRICO ZUCCALLI sah vor, die gotische Kirche weitgehend zu erhalten und in den Bau der neuen Klosterkirche zu integrieren.

Unten: Benediktinerkloster Ettal, Stich von G. Heiss, 1720, nach Entwürfen von HENRICO ZUCCALLI.

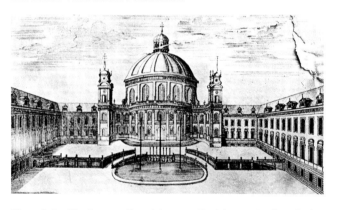

Oben: Ettal, gotische Kirche, Rekonstruktion. Dem Bau, bestehend aus Zwölfeck mit Umbau, sollte Zuccalli eine schwingende Fassade vorblenden.

Unten links: Gianlorenzo Bernini, erstes Projekt zur Ostfassade des Louvre in Paris, 1664. Die ursprüngliche Konzeption Zuccallis lässt den Bezug zu dem Entwurf Berninis deutlich werden.

Unten rechts: Grundriss der Ettaler Klosterkirche. Der mittelalterliche Gründungsbau ist dunkel markiert, die barocken Bauteile – Chorraum und Fassade – heller hervorgehoben.

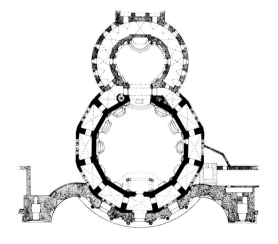

Ettal, Klosterkirche, Ansicht der Fassade HENRICO ZUCCALLIS und der Kuppel Joseph Schmuzers.

Ettal
Abteikirche Mariä Himmelfahrt und
Benediktinerkloster

Während ab 1673 das Altöttinger Projekt den ersten großen Auftrag HENRICO ZUC-CALLIS in Bayern darstellte, sollte fast vierzig Jahre später die Neugestaltung einer weiteren großen Sakralanlage das Ende seiner Bautätigkeit bestimmen: Der Hofbaumeister wurde von Abt Placidius II. Seiz ab 1709/10 für den Entwurf des unweit von Oberammergau liegenden Klosters nach Ettal berufen und mit dem Umbau der Kirche betraut. Zuccalli hatte damals in München keinen Bauauftrag mehr zu erwarten.

Die Vollendung des Baus erlebten weder der Abt noch Zuccalli, da sich die Arbeiten aufgrund finanzieller Schwierigkeiten verzögerten. Nach dem Klosterbrand von 1744 fertigte der Wessobrunner Baumeister Joseph Schmuzer einen Grundrissplan zur Erneuerung der Gesamtanlage an.

Zuccalli blendete dem Gründungsbau eine barocke weit ausladende Fassade vor, die im Mittelteil um den Zentralbau konvex herumgeführt wird, sich dann konkav zurückwölbt und schließlich zu beiden Seiten in geraden Wandfeldern, den Turmuntergeschossen, endet. Die zweigeschossige Schauseite wird durch Kolossalsäulen, Pilaster, Fensteröffnungen, Blendnischen und drei Portaldurchbrüche plastisch gestaltet, wobei die äußeren Öffnungen den Blick auf den gotischen Umgang freigeben. Es gelang Zuccalli, das Vorbild der Palastfassade an örtliche Gegebenheiten und an die Bauaufgabe anzupassen. Die gotischen Strebepfeiler an der Kuppel, die er durch einfache Lisenen ersetzen wollte, behielt Schmuzer offensichtlich aus statischen Gründen bei und verzierte sie mit Voluten.

Portrait des Abtes Placidius II. Seiz (reg. 1709–36) zu Ettal. Er engagierte den 67-jährigen HENRICO ZUCCALLI für die Barockisierung der Klosteranlage und verschaffte ihm damit seinen letzten großen Bauauftrag.

Ettal, Fassadendetail, linkes Bogenkompartiment. Zwischen den Figurennischen wird der Blick auf den gotischen Gründungsbau und seine ursprüngliche Befensterung freigegeben.

Ettal, Klosterkirche, Blick in die Hauptkuppel mit Laterne, Fresko »Die Glorie des Benediktinerordens« von J. J. Zeiller, 1748–51. Die Halbkugel des Kuppelgewölbes hat einen Durchmesser von etwa 25 Metern. Die Stuckdekoration mit ausgeprägt höfischem Charakter stammt aus den Jahren 1752/53. Sie geht zurück auf den Sohn des Wessobrunner Baumeisters Joseph Schmuzer, Franz Xaver, und seinen Schwiegersohn, Johann Georg Übelher.

München, Hofgarten mit Blick auf die Theatinerkirche.

München:
das »deutsche Rom«

1632 überfiel König Gustav Adolf von Schweden München. Die Stadt, die er als »goldenen Sattel auf dürrer Mähre« bezeichnete, wurde den Angreifern fast kampflos übergeben. Die meisten Einwohner fielen jedoch nicht den schwedischen Überfällen, sondern der Pest von 1634/35 zum Opfer: 7000 Personen, etwa ein Drittel der Bevölkerung, starb an der Seuche. Durch die Kriegsauswirkungen wurde das erfolgreiche Kunst- und Handwerksgewerbe in Bayern und besonders am Münchner Hof empfindlich geschwächt.

Der ausgezeichnete Ruf der Graubündner Baukünstler, die für qualitätvolles und zügiges Arbeiten bekannt waren, verbreitete sich schnell. Die Auftragssituation für neue, kurfürstliche Bauprojekte war gerade in München vielversprechend, so dass viele Misoxer Bauhandwerker vom Land in die Residenzstadt kamen sowie neue Auswanderer nachrückten.

Auserwählte, oft von bereits etablierten Landsleuten empfohlene Baukünstler erlangten durch staatspolitisch wichtige Aufträge eine gehobene berufliche Position, da sie die notwendigen Beziehungen nachweisen konnten und ihre handwerkliche Tradition sowie ihre südliche Herkunft dem künstlerischen Geschmack der bayerischen Kurfürstin Henriette Adelaide entsprachen. Der Münchner Hof – in dieser Zeit einer der prächtigsten Europas – ließ sich in der Wiederaufbauphase nach dem Krieg von den französischen Nachbarn inspirieren: Die Wittelsbacher Monarchen sahen ihren Machtanspruch in großzügig angelegter, majestätischer Architektur repräsentiert. Im Lauf des 18. Jahrhunderts mussten die Graubündner Baukünstler den französischen Kollegen weichen; zunächst orientierten sich die Bauformen jedoch am italienischen Stil und die Misoxer erlebten ihre Blütezeit in der süddeutschen Residenzstadt.

Spätbarocke Kirchen nach römischem Vorbild

Die beiden Landsleute und Konkurrenten HENRICO ZUCCALLI und GIOVANNI ANTONIO VISCARDI bauten in München nicht weit voneinander entfernt zwei Sakralbauten – die Theatinerkirche und die Dreifaltigkeitskirche –, die durch ihr römisches Architekturvokabular entscheidend zum südlichen Flair der Residenzstadt beitrugen.

München
*Kirche St. Kajetan,
ehem. Theatiner –Hofkirche*

Nach siebenjähriger Kinderlosigkeit stiftete das bayerische Kurfürstenpaar Henriette Adelaide und Ferdinand Maria anlässlich der Geburt des Erbprinzen Max Emanuel (1662) diese Kirche, die sowohl Ordenskirche der nach München berufenen Theatiner als auch Hofkirche der benachbarten Residenz mit Fürstengruft der Wittelsbacher werden sollte.

Oben: Trauergerüst für die Kurfürstin Henriette Adelaide, Kupferstich von Jeremias Renner, entworfen von HENRICO ZUCCALLI, 1676. Der architektonische Aufbau aus Holz, Leinwand, Stuck und Stoffdraperien in der Vierung der noch unvollendeten Theatinerkirche barg den Sarg der Verstorbenen während der Trauerfeierlichkeiten. Henriette Adelaide hatte Zuccalli in ihrem Testament zwei wertvolle Ringe vermacht.

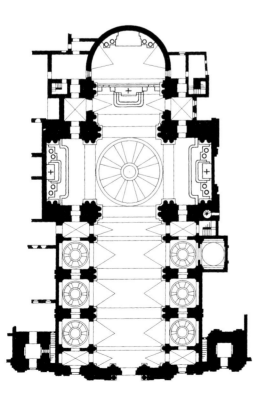

Unten: St. Kajetan, Grundriss der Kreuzkuppelbasilika, die entgegen der Tradition nach Westen ausgerichtet ist, um der gegenüberliegenden Residenz ein städtebauliches Gegengewicht zu geben.

Für die Baudurchführung ab 1663 wurden noch im selben Jahr der entwerfende Architekt Agostino Barelli aus Bologna, der dort bereits eine Theatinerkirche gebaut hatte, und der leitende Bauführer Giovanni Niccolò Perti aus Como nach München berufen. Die Kurfürstin unterwies den aus ihrer Heimat stammenden Baumeister: »Achtet alleinig darauf, dass sie die schönste und wertvollste Kirche, wie keine andere der Stadt werde«.

Der Kirchenentwurf Barellis orientiert sich an dem frühbarocken, von Carlo Maderna errichteten Vorbild der römischen Theatiner-Mutterkirche S. Andrea della Valle. Aufgrund bereits 1665 aufgedeckter statischer Probleme wurde die Bauleitung 1668–72 auf den kompetenten Beichtvater der Kurfürstin, Pater Antonio Spinelli, übertragen; 1674 verließ Barelli München für immer. Nach dem Tod der Kurfürstin Henriette Adelaide 1676 wurde Spinelli jedoch von der Oberbauleitung suspendiert – das Amt erhielt HENRICO ZUCCALLI, der

wiederum entscheidend gefördert wurde durch den Geheimen Rat Anton von Berchem, mit dem er befreundet war. Zuccalli hatte sich 1672 erfolgreich am Münchner Hof beworben, wurde ein Jahr später rückwirkend zum Hofbaumeister ernannt und trat nun mit Entwürfen zur Kuppel- und Fassadengestaltung der Theatinerkirche in das Baugeschehen ein.

Ein zwischen 1676 und 1678 entstandener Fassadenriss zeigt die den letztlich realisierten Bau der Theatinerkirche maßgeblich beeinflussende Idee Zuccallis. Der Graubündner Baumeister baute auf der bereits von Barelli aufgegriffenen Doppelturmfassade auf, die die Breitenwirkung entlang der damaligen Schwabinger Gasse und entgegen des Vertikalzugs der weithin sichtbaren Tambourkuppel über der Vierung ausgleicht. Während das durchgehende Gebälk zwischen den Geschossen und dem Fassadengiebel übernommen wurde, blieben die zwei von Zuccalli alternativ vorgeschlagenen Turmhelme unbeachtet. Der realisierte Entwurf der Doppeltürme mit den großen Schneckenvoluten geht wahrscheinlich noch auf einen Plan Pater Spinellis zurück, der in Venedig sein Ordensgelübde abgelegt hatte und dort von der Kirche S. Maria della Salute inspiriert worden sein könnte.

Die Fassade der Münchner Theatinerkirche blieb zu Lebzeiten HENRICO ZUCCALLIS unvollendet. Erst gegen 1765 wurde sie nach einem Entwurf von François Cuvilliés (1695–1768) fertig gestellt. Cuvilliés war nach dem Tod des Graubündners ab 1725 zum kurfürstlichen Hofbaumeister ernannt worden.

München, Theatinerkirche, Fassadenriss von HENRICO ZUCCALLI, 1676–78.

Bilanz: Durch Spreng- und Brandbomben 1944/45 schwere Kriegsschäden an Tambourkuppel (Diagonalriss), Fassade (Riss), Gewölben (Teileinsturz) und Ausstattung (Hauptaltar, Nebenaltar, Orgel und Chorschranke zerstört). Dachstuhl verbrannt, Südturm sowie Sakristei mit barocker Ausstattung zerstört. Die ehemaligen Klostertrakte (heute Ministerien und Läden) schwer beschädigt.

Wiederaufbau: 1946–49 Sicherungs- und Eindeckungsarbeiten, bis 1955 Wiederherstellung der Innenschale, vereinfachte Rekonstruktion und Restaurierung der Stuckausstattung, Neueindeckung von Kuppel und Turmhelmen.

Rechts: Die barocke Kuppelbasilika der Theatinerkirche in München ist die erste römischen Typs in Süddeutschland.

Unten: Blick durch den im Zweiten Weltkrieg schwer zerstörten Residenzstraßenflügel auf die gegenüberliegende ehemalige Hofkirche.

München, Theatinerkirche, Blick von der Vierung in die Kuppel, das architektonische Zentrum. Die hohe, mächtige Kuppel mit Laterne erhebt sich über dem zylindrischen Tambour, in den acht Fenster und darunter Nischen mit allegorischen Figuren eingepasst sind.

Die Innenausstattung der Münchner Theatinerkirche stammt aus den Jahren 1675–88 von dem Misoxer Stuckateur GIOVANNI PIETRO ZUCCALLI, dem Tessiner Giovanni Prospero Brenni und dem Sohn Lorenzos, Giovanni Niccolò Perti.

Unklar ist, inwieweit Zuccalli Einfluss auf die Dekoration im Inneren genommen hat. Jedenfalls war er mit den Techniken bestens vertraut, da sein Vater Giovanni Battista bekanntlich Stuckateur gewesen war. Dennoch muss dem Handwerkstrupp »welscher« Stuckateure eine gewisse Eigenständigkeit zugestanden werden.

Das heute helle, ursprünglich bunte Innere ist bestimmt von einer kräftigen Gliederung durch mehrfach gestaffelte kannelierte Halbsäulen, verkröpftes Gebälk und reichen, schweren Dekor.

Der Stuck folgt nicht mehr einer durch die Architektur bestimmten Gliederung, sondern es dominieren eigenständige, figurative Elemente den räumlichen Eindruck: plastisches, phantasievolles Blattwerk, Blüten, Früchte, Muscheln, Girlanden, Voluten, Rosetten und Engelsfiguren. Zum ersten Mal tauchte in überaus kraftvoller und prächtiger Weise die reiche Formenvielfalt des italienischen Barock an einem bayerischen Sakralbau auf. Der starke Einfluss dieser Stuckaturen auf die Innenausstattung der Tegernseer Pfarrkirche (1688–90) ist offensichtlich, zumal sich in diesen Jahren Zuccallis Polier und Maurermeister ANTONIO RIVA dort befand. Weiterhin war die Stuckausstattung stilbildend für die Entwicklung der Barockkunst, u.a. der Wessobrunner Stuckatur.

Der Innenraum der Münchner Theatinerkirche in Richtung des Chores im Wechselspiel von Licht und Schatten.

München
Kath. Dreifaltigkeitskirche

Eine Vision war Anlass für den Bau der Kirche: 1704, im Spanischen Erbfolgekrieg, prophezeite die Tochter eines Kammerdieners, Anna Maria Lindmayr, dass München vor Verwüstungen verschont bliebe, wenn die drei Stände eine Kirche zu Ehren der Heiligen Dreifaltigkeit errichteten. Es gelang ihr, die Repräsentanten der Bürger, des Adels und der Geistlichkeit für das Projekt zu interessieren. 1711 erfolgte die Grundsteinlegung durch den Ettaler Abt Placidius Seiz zu dem Entwurf von dem Baumeister

München, Dreifaltigkeitskirche, Fassade. Im Gegensatz zu Freystadt steht die Kirche in einer Häuserzeile.

GIOVANNI ANTONIO VISCARDI. 1713 starb der 68-Jährige Architekt; es war sein letzter großer Bau. Zügig vollendeten sein Polier, Johann Georg Ettenhofer, und sein Nachfolger, HENRICO ZUCCALLI, die Kirche nach den ursprünglichen Plänen. 1714/15 erfolgte die Innendekoration durch den Stuckateur Johann Georg Baader und den Freskant Cosmas Damian Asam.

Das Besondere an der Kirche ist zweifellos die phantasievolle Gestaltung der Fassade. Drei der fünf Wandkompartimente springen hervor, während die beiden äußeren Flächenabschnitte in der Flucht bleiben. Die schräggestellten Sockel der sechs Säulen folgen der Fassadenbewegung; die ionischen Kapitelle sind verdreht. Die Schauseite wird mittels der vollplastischen und bewegten Durchbildung hervorgehoben. Das obere Geschoss der Mitteltravée verdeckt die niedrige Kuppel. Die kraftvoll gegliederte Fassade erinnert an den Stil des römischen Barockbaumeisters Borromini, doch Viscardi bleibt der zweckmäßigen Misoxer Architektursprache verbunden.

Karl-Ludwig Lippert resümiert: »Viscardis persönlicher Stil verdichtet sich [...] am reinsten und deutlichsten in der Innenraumgestaltung seiner beiden zentralen Kirchenbauten Freystadt und München, in der besonderen Wandbemalung und -auffassung: Überspitzt ausgedrückt begegnen sich dort in misoxischem Einfühlungsvermögen altbayerisch-flächige Wandfolie mit römisch-hochbarocker, stark plastischer und gliedhafter Körperlichkeit, die in ihrem System der Säulenwand bolognesische Züge, vermittelt durch die Theatinerbauhütte, aufweist. Die so entstandenen Raumorganismen sind von kontrast- und spannungsreichem Leben erfüllt.«

Kein anderer Landsmann neben HENRICO ZUCCALLI und GIOVANNI ANTONIO VISCARDI erreichte dieses meisterhafte Niveau, auf dem nachfolgende Generationen aufbauten. Es sollte das Fundament für die Spätbarock- und Rokoko-Kunst in Süddeutschland bilden.

München, Dreifaltigkeitskirche, Innenraum.

Dreifaltigkeitskirche, Grundriss. Am südlichen Kreuzarm springen drei der fünf Wandkompartimente zur Fassadenbildung hervor.

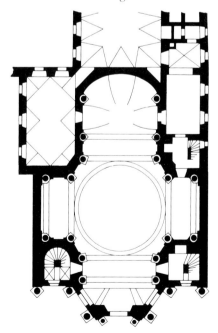

München, Palais Portia, Detail der Fassade, Vorkriegsaufnahme.

Palais Portia, Fassadenriss von HENRICO ZUCCALLI, um 1693/94.
Die geplanten Giebelhäuser und die Nische für die Hausmadonna
waren Zugeständnisse an Münchner Traditionen.

Kriegsverluste:
Münchner Adelspalais

Gegen Ende des 17. Jahrhunderts waren
Münchner Adelsfamilien verstärkt daran in-
teressiert, ihre Stadtresidenzen vom Hofbaumeister HENRICO ZUCCALLI persönlich
entwerfen zu lassen. Sie legten großen Wert
auf stattliche, großzügig angelegte Wohnhäuser, deren Fassaden ihr Ansehen angemessen repräsentieren sollten. So entstand
in den neunziger Jahren eine Reihe von Pa-
lastbauten in der Münchner Altstadt, die jedoch durch die Zerstörungen des Zweiten
Weltkriegs bis auf das Palais Portia – allerdings in veränderter Form – nicht mehr erhalten sind.

Palais Portia: Promenadenstr. 12 (heute
Kardinal-Faulhaber-Str. 12). Eines der frühesten Palais im nahe der Residenz gelegenen Kreuzviertel, das vornehmlich vom
Münchner Adel bewohnt wurde. Vorgängerbau 1693/94 nach Plänen HENRICO
ZUCCALLIS zu einem Stadtpalais für Gräfin
Fugger umgebaut, die mit dem Hofbaumeister in enger Freundschaft verbunden war
(übernahm Patenschaft für zwei seiner Kinder); sie stammte wie die bayerische Kurfürstin Henriette Adelaide aus Savoyen und
stand in enger Verbindung zum Hof.

1731–33 innere und äußere Umgestaltung durch François Cuvilliés d.Ä. unter
Mitwirkung von Johann Baptist Zimmermann. Danach kam »Fuggersches Haus« in
Besitz der Familie Portia. 1807 für 70 000
Gulden an die Literarische Gesellschaft
»Museum« verkauft, die unter dem besonderen Schutz des Königs stand. Hofbaumeister Leo von Klenze (1784–1864) baute
1820 in das Palais einen großen Saal für
Tanz- und Konzertveranstaltungen ein.

Schäden: Beim Luftangriff im April 1944
bis auf Fassade zerstört. Verlust sämtlicher
Raumausstattungen.

Wiederaufbau: Fassade in ursprünglicher
Form 1950–52 wiederhergestellt, völlige
Entkernung des Baus, Neukonzeption der
Geschosseinteilung und Raumfolge.

München, Palais Portia, Lesesaal der Gesellschaft »Museum«, Aufnahme 1901, Totalverlust. Den einstigen Salon des Stadtpalais schmückte die von François Cuvilliés entworfene Rokoko-Stuckdekoration.

Totalverluste der Münchner Palais von Henrico Zuccalli:

Theatinerstraße 20, Palais des Freiherrn Anton von Berchem, Zuschreibung, nach 1676

Herzogspitalgasse 7, Palais des Freiherrn Franz Karl von Au, Zuschreibung, nach 1678

Residenzstraße 6, Palais des Grafen Franz Albrecht von der Wahl, nach 1692

Rosental 7, Palais des Grafen Maximilian Kajetan von Törring-Seefeld, nach 1692

Dienerstraße 12, Palais des Grafen L. von Törring, nach 1694

Kardinal-Faulhaber-Straße 12, Palais des Grafen Leonhard Simpert von Törring-Jettenbach und sog. Wessobrunnerhof, nach 1695

Prannerstraße, Palais des Grafen Georg Sigmund Christoph von Thürheim, nach 1698

München-Harlaching, Gartenschlösschen des Barons Marx von Mayr, 1700ff

Luftbild der Schloss- und Gartenanlage von Schleißheim und Lustheim, das kreisförmig von einem Kanal umfangen wird.

Lageplan der kurfürstlichen, im Stil des Absolutismus errichteten Anlage in der Nähe von Oberschleißheim bei München, bestehend aus dem Alten Schloss Schleißheim (A), dem Neuen Schloss (B) und Schloss Lustheim (D).

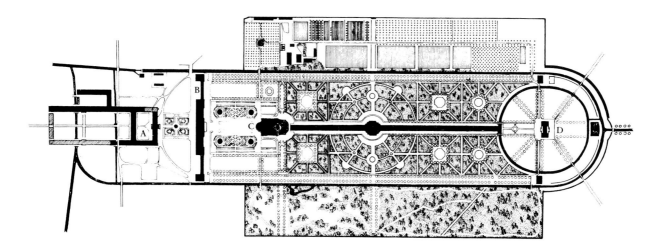

Münchner Schloss- und Gartenanlagen

Die nördlich der Stadt München gelegene Schlossanlage Schleißheim war das umfangreichste höfische Bauprojekt, das Kurfürst Max Emanuel in Auftrag gab. Die wirkliche Bauzeit lief parallel zum Schlossbau in Nymphenburg, doch sollte das Projekt »Schleißheim« HENRICO ZUCCALLI über einen Zeitraum von fast vierzig Jahren beschäftigen.

Herzog Wilhelm V. (reg. 1579−94), Erbauer der Münchner Michaelskirche, erwarb Ende des 16. Jahrhunderts die Schwaige Schleißheim mit Kapelle als bäuerliche Ökonomie und setzte weitere Kapellen und Klausen in die Umgebung. Sein Sohn Maximilian I. ließ nach 1616 das Hofgut zum sog. Alten Schloss von Heinrich Schön d. Ä. umbauen.

Östlich davon wurde von 1701−04 das Neue Schloss nach Plänen von Zuccalli erbaut. Von hier erstreckt sich die lang gezogene Parkanlage in einer Blickachse bis nach Lustheim, das von 1684−88 errichtet wurde. Zuccalli war in Schleißheim nicht nur planender und leitender Baumeister, sondern auch entwerfender Gartenarchitekt, bis er um 1700 von französisch geschulten und akademisch ausgebildeten Kollegen abgelöst wurde.

Lustheim

Der Bau des italienischen Gartencasinos »Lustheim« erfolgte an Stelle der 1607 von Wilhelm V. errichteten Renatusklause, die über eine Lindenallee in 1508 Schritte Entfernung mit dem Alten Schloss Schleißheim verbunden war. Die Idee des Kurfürsten Max Emanuel, Schleißheim zu einer großen Sommerresidenz zu verwandeln, wurde jedoch erst 1683 nach seiner Rückkehr aus Wien als gefeierter Feldherr begonnen. Der Abriss der Renatusklause 1684 markiert den Baubeginn Lustheims, das als exklusiver Fest- und Jagdaufenthaltsort für den Kurfürsten in Friedenszeiten gedacht war.

HENRICO ZUCCALLI erbaute zunächst als Mittelpunkt der Schlossanlage einen freistehenden Baukubus mit geometrisch angelegten Broderien, flankiert von einem 1686−88 errichteten südlichen Pavillon als neue Renatusklause und einem 1688/89 konzipierten nördlichen Pavillon als Stall- und Wohngebäude. Ab 1695 errichtete er im weiten Halbkreis um das Schloss Galeriebauten, die Orangerien, Wandelgänge und Räumlichkeiten für das kurfürstliche Gefolge aufnehmen sowie die Pavillons verbinden sollten. Die Lustheimer Galerie blieb bis zu Zuccallis Tod 1724 unvollendet, 1727 wurden Baufälligkeiten gemeldet, um 1750 erfolgte der Abriss. Damit wurde die einst großzügige Schlossanlage auf ein Fragment reduziert.

Schloss Lustheim, Vedute von Franz Joachim Beich, kurfürstlicher Hofmaler, 1718. Das Gemälde zeigt die hinterfangenden Galeriebauten, die heute nicht mehr erhalten sind.

München, Schloss Lustheim, Außenansicht. Die architektonische Bauidee geht auf den Typus der römischen »villa suburbana« zurück, einer herrschaftlichen Sommerresidenz außerhalb der Stadt.

Schloss Lustheim, Grundriss des Erdgeschosses. In der symmetrischen Anlage sind die kurfürstlichen Aufenthalts- und Wohnräume um den zentralen Festsaal gruppiert.

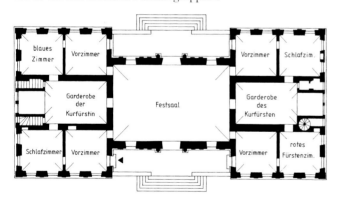

Zugang zum Belvedereaufsatz zu gewähren. Das geschlossene Äußere erhielt so einen noch kompakteren Eindruck als ursprünglich von Zuccalli geplant.

Das Kellergeschoss ragt über das Bodenniviau hinaus und wird im Sockelbereich belichtet; dementsprechend liegt auch das Erdgeschoss höher. So sind zwischen die Seitentrakte beidseitig Terrassen mit Balustraden eingepasst.

Die nach Osten und Westen gerichteten Hauptfronten spiegeln die bauzeitliche Konzeption Zuccallis wider, wobei die oberen quadratischen Öffnungen durch hochrechteckige Fenster ersetzt und ein Teil als Blindfenster bemalt wurde. Die weitgehend schmucklosen Fassaden zeichnen sich durch einen tektonisch-logischen Aufbau aus: eine strenge, schlichte Kolossalpilastergliederung eingebunden in einen einfachen, klaren Stil. Bei der Formgebung wirkten eindeutig oberitalienische Architekturtraktate von Vignola, Serlio und Palladio.

Der dreigliedrige symmetrische Außenbau teilt sich in einen mittleren höheren Saaltrakt mit Dachaufsatz, dem Belvedere, und zwei niedrigere, um eine Fensterachse vorspringende Wohntrakte. Erst während der Bauzeit sind die Walmdächer der Flügeltrakte 1687 mittels quer verlaufender Satteldächer mit dem Dachstuhl des Saaltraktes verbunden worden, um einen besseren

Anlass für die Errichtung des Lustheimer Schlosses war die Vermählung des jungen bayerischen Kurfürsten Max Emanuel mit der Kaisertochter Maria Antonia 1685. Davon zeugen auch die Initialen der Brautleute in den Deckenfresken. Man hat das abgeschiedene Schloss Lustheim oft mit dem Motiv der Insel der Glückseligkeit, der »Liebesinsel Kythera«, in Verbindung gebracht: Es wird von einem ringförmigen Kanal umgeben und liegt noch heute auf einer Insel. Doch diese These ist unhaltbar, da Zuccalli den Ringkanal erst um 1700 projektierte und Max Emanuel bereits seit 1694 in zweiter Ehe mit Therese Kunigunde, der Tochter des Königs Johann III. Sobieski von Polen, verheiratet war.

Der Bau des Lustheimer Schlosses legte bereits in den achtziger Jahren des 17. Jahrhunderts die Ausmaße und Grundzüge des Schleißheimer Schlossparks mit Kanalsystem fest. Ab 1689 wurde unter HENRICO ZUCCALLI mit dessen Bau begonnen. Der »Schleißheimer Kanal«, ein Zubringerkanal, wurde von der Isar im rechten Winkel nach Lustheim geführt; das Wasser speist den Mittelkanal des Schlossparks. Im Südwesten baute man von der Würm den »Karlsfelder Kanal«. Von Schleißheim wird das Wasser im 1690 gegrabenen »Dachauer Kanal« aufgenommen. Gleichzeitig wurde dieser entgegengesetzt zur Lastenverladung von Baumaterial aus der Ziegelei bei Dachau nach Schleißheim für den Schlossbau genutzt. Der um 1700 von Kurfürst Max Emanuel geplante sog. »Türkengraben« von seiner Stadtresidenz in die Sommerresidenz Schleißheim kam hingegen nicht zur Ausführung; er wurde im 19. Jahrhundert eingeebnet. Die umfangreichen Kanalgrabungen unternahmen bis zum Jahr 1699 z.T. kriegsgefangene Türken und Truppenteile der Münchner Garnison.

Das aufwendige System der Wassergräben und Kanäle diente bereits unmittelbar nach seiner Fertigstellung sowohl der Lastenbeförderung und der Vergnügungschifffahrt als auch der notwendigen Bewässerung des großzügig angelegten Schleißheimer Schlossgartens.

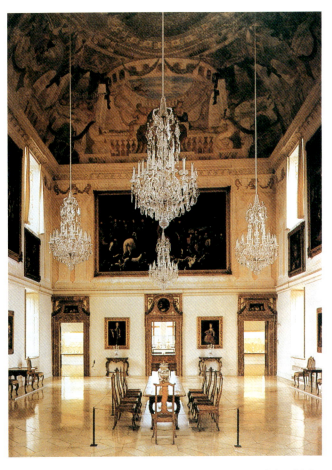

Im Lustheimer Festsaal gab Max Emanuel 1690 eine Galatafel für seine Schwiegereltern, Kaiser Leopold I. und Gemahlin.

Kanalsystem der Schlösser im Münchner Norden.

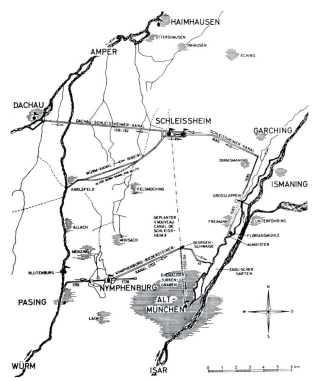

Neues Schloss Schleißheim, westliche Eingangsfassade.

Schleißheim

Das Neue Schloss Schleißheim sollte ganz dem Souveränitätsstreben Max Emanuels entsprechen, denn Königs- wie Kaiserwürde schienen ihm während seiner Regierungszeit greifbar nahe. Die Übernahme der Statthalterschaft in den Spanischen Niederlanden 1692 verstärkte zwar seine Hoffnungen auf die Krone, trieben aber die bayerischen Finanzen fast in den Ruin: Die Münchner Hofkasse überwies jeden Monat allein für die persönlichen Bedürfnisse des Kurfürsten 30 000 Gulden. Zudem ließ der jähe Tod des sechsjährigen Kurprinzen Josef Ferdinand 1699 die politischen Ambitionen Max Emanuels schwinden; der Baubeginn des Neuen Schlosses verzögerte sich auf das Jahr 1701.

Es war anscheinend nicht leicht für Henrico Zuccalli, ein adäquates Konzept zu finden, da er dem Kurfürsten fast zehn Jahre über fünfzig neue Idealplanungen und Entwürfe vorgelegt hatte. Frühe Pläne berichten von einer Integration des Alten Schlosses in eine Vierflügelanlage, die in Anlehnung an Lustheim konzipiert wor

den ist. Die Gruppe der sog. »Ovalbauprojekte«, zu datieren zwischen 1691 und 1695, orientiert sich offensichtlich an dem bereits zitierten Projekt Berninis für den Pariser Louvre (siehe S. 64). Die Entwürfe entsprachen wohl nicht den Vorstellungen Max Emanuels, der sich sein Schloss in noch größeren Dimensionen wünschte. Die späten Pläne zeigen kompaktere Bauten mit langen Fassadenfronten, wobei die Mitte durch höhere Geschosse und Risalitbildung ausgezeichnet ist und Eckpavillons die Seiten begrenzen. Parallelen zum vor der Stadt Wien gelegenen Schloss Schönbrunn, der kaiserlichen Sommerresidenz, sind aufgrund des ähnlichen Aufrisses und der politischen Beziehungen beider Häuser in dieser Zeit nahe liegend.

Das 1704 im Rohbau fertig gestellte Schloss Schleißheim, nach 1719 durch den Hofbaumeister Joseph Effner (1687–1745) weitergeführt, war lediglich der Haupttrakt oder »Corps de Logis« einer bei Baubeginn 1701 noch wesentlich umfangreicher geplanten Dreiflügelanlage.

Max Emanuel suchte nach der langen Planungszeit, die Bauarbeiten am Schloss zu beschleunigen. Zeitdruck und ungenügende Fundamentierung waren wohl die Ursachen für den Einsturz des Mittelrisaliten im Juli 1702: Der Kurfürst beklagte sich – wiedergegeben wird die deutsche Übersetzung der französischen Aussage:

»Gestern Nacht hat sich ein Unglück an meinem Schleißheimer Bau ereignet. Einer der Pilaster des Vestibüls zum Garten zu ist zusammengebrochen und hat drei andere mit sich fortgezogen, so dass der zweite Stock der Arkaden, welcher schon aufgerichtet und nahezu vollendet war, selbst in Trümmer fiel. Zuccalli will keinen Fehler begangen haben, indem er sagt, dass alles nach Proportion sei, und möchte gerne die Schuld auf mich schieben, dass ich so geeilt hätte, ohne die einem neuen Baue nötige Ruhezeit zu lassen. Das, was mich ärgert, ist ein Monat Zeitverlust, denn der Schaden ist nur 5–600 fl.«

Die Schleißheimer Schlossmauern des Mitteltraktes wurden verstärkt und die Höhe von drei auf zwei Geschosse reduziert, damit sie leichter waren. Die geplante Ehrenhofanlage mit Seitenflügeln wurde nicht ausgeführt. Der letztendlich realisierte Schlossbau ist durch geradlinige Galeriebauten mit zwei Seitenpavillons verbunden. Die Fassade des Schlosses bildet bis auf den um ein einziges Geschoss erhöhten elfachsigen Mitteltrakt eine gerade Front. Dieser ist durch mächtige Kolossalpilaster gegliedert; die hohen Rundbogenöffnungen waren ursprünglich offen geplant, um einen direkten Zugang zum Gartensaal zu ermöglichen. Erst im 18. Jahrhundert wurden sie durch Verglasungen geschlossen.

Oben: Neues Schloss Schleißheim, Detail der Gartenfassade. Die Giebeldächer über den Rundbogenöffnungen setzte Joseph Effner nach 1719 ein.

Unten: Ausblick von der Großen Galerie Schleißheim nach Lustheim.

Neues Schloss Schleißheim, Treppenhaus. Die Fertigstellung übernahm ab 1719 Zuccallis Nachfolger Joseph Effner.

Vestibül. Die weiträumige, dreischiffige Eingangshalle mit Säulen aus rötlichem Tegernseer Marmor und Flachkuppeln.

Im Rahmen der Umplanungen nach dem Einsturz von 1702 änderte Zuccalli die Lage und Führung der Treppenhäuser. Die einzig realisierte südliche Haupttreppe entsprach dem höfischen Zeremoniell eines entsprechendes Aufgangs: Die dreiläufige sog. Kaisertreppe mit zwei Armen und gemeinsamem Antritt führt unmittelbar auf den zentralen Festsaal zu. An diesen grenzt im Norden der Viktoriensaal (Speisesaal) und auf der Gartenseite im Osten die Galerie, über die sich die Wohnappartements des Kurfürsten und seiner Gemahlin erschließen.

Die Blütezeit der Regierung Max Emanuels, repräsentiert durch die Münchner Schlossbauten Lustheim, Schleißheim und Nymphenburg, begünstigt durch den Spanischen Erbfolgekrieg, war vorbei. 1704, nach der verlorenen Entscheidungsschlacht bei Höchstädt, floh der Kurfürst über den Rhein ins Exil. Nach seiner Rückkehr nach Bayern 1715 wünschte Max Emanuel eine Ausgestaltung der Schleißheimer Sommerresidenz im französischen Stil, die der italienisch geschulte Zuccalli nicht mehr leisten konnte. Der Graubündner Baumeister musste nach und nach die weitere Ausgestaltung der Schlossanlage seinem in Paris ausgebildeten Amtsnachfolger Joseph Effner überlassen.

Für den 62-jährigen Zuccalli, der sich durch sein herrisches Wesen und seine starke Persönlichkeit im Lauf der Jahre viele Feinde zugezogen hatte, bedeutete der Modewandel im Zusammenklang mit dem Einzug der österreichischen Administration allmählich das Ende seiner Laufbahn. Neben mangelnden Bauaufträgen machten ihm kleine Anschuldigungen das Leben schwer: Als sich Zuccalli einmal im Jahr 1705 dem Fischen, seiner Lieblingsbeschäftigung, hingab, erhielt er am nächsten Tag auf die Denunziation hin eine Warnung, dass er sich »unlängsthin des Fischens in den Canälen zu Schleißheimb bedient« habe. Daraufhin erschien Zuccalli nicht mehr im Bauamt und er wurde nach 32-jähriger Tätigkeit für den Münchner Hof dazu aufgefordert, »die Schlüssel zum Paustübl unverzüglich auszuhändigen«.

Neues Schloss Schleißheim, Großer Saal, Blick zum Treppenhaus. Die dem höfischen Geschmack der
Zeit entsprechende weiße Farbgebung des zweistöckigen Saales ist fein differenziert; der Stuck stammt
von Johann Baptist Zimmermann. Das große Deckengemälde sowie die beiden Tafelbilder verherrlichen
die Taten des bayerischen Kurfürsten Max Emanuel.

Schloss Nymphenburg, Stich von Michael Wening, 1701. Der mächtige, schlichte Würfelbau mit Freitreppen hat sich als Mittelpavillon des heutigen Schlosses erhalten. Das Bild gibt den von HENRICO ZUCCALLI veränderten Bestand wieder.

Nymphenburg

Vor der Stadt München, etwa sieben Kilometer von der Residenz entfernt, lag das Landgut Kemnath, das die Kurfürstin Henriette Adelaide anlässlich der Geburt des Thronfolgers Max Emanuel von ihrem Gemahl Ferdinand Maria als Sommersitz geschenkt bekommen hatte. Das Gelände, auf dem das »Castello delle Nymphe« errichtet werden sollte, wurde um angrenzende Wiesen und Äcker erweitert. Die junge Kurfürstin nahm selbst großen Einfluss auf das Baugeschehen: Als Architekt wurde der Bauleiter der Theatinerkirche, Agostino Barelli aus Bologna, engagiert. 1664 errichtete er einen schlichten kubischen Gartenpalazzo mit Pavillons und Verbindungsgalerien. Mit Beginn des Innenausbaus 1673 wurde HENRICO ZUCCALLI im Rahmen seiner Tätigkeit als Hofbaumeister aktiv; er übernahm die Bauleitung von Schloss Nymphenburg und wölbte gleich darauf den Großen Saal. Nach dem Tod der Kurfürstin 1676 stagnierten die Bauarbeiten.

Dem Sohn und Nachfolger Ferdinand Marias, Kurfürst Max Emanuel, genügte die ländliche Idylle des Gartenschlösschens nicht mehr. Er ließ die Galerien und Pavillons abreißen – die Steine wurden für Zuccallis Neubau in Lustheim verwendet. Da Zuccalli die Leitung der Neubauten Lustheim und Schleißheim der größeren Wichtigkeit halber selbst übernahm, verpflichtete der Kurfürst Zuccallis steten Konkurrenten GIOVANNI ANTONIO VISCARDI für Nymphenburg. Dieser, ab 1702 wieder Hofbaumeister, übernahm die Bauleitung, sein Graubündner Vetter ANTONIO ANDREOTTA war führender Polier.

Schloss Nymphenburg, Stadtseite, sog. Pariser Plan; Zeichnung um 1714 nach Entwürfen von HENRICO ZUCCALLI und GIOVANNI ANTONIO VISCARDI aus der Zeit um 1701/02. Der Ausbau des vorhandenen Kernbaus sowie das Erweiterungskonzept wurden wohl von beiden Misoxer Baumeistern entworfen.

Viscardi reagierte zufrieden auf die erneute Beförderung mit der Bemerkung, dass er seit 1695 keinen Kreuzer mehr bekommen habe, obwohl er vor 18 Jahren auf kurfürstlichen Befehl aus Welschland gekommen sei, und sich kaum mehr ehrlich fortzubringen wüsste. Es kam zu schweren Konflikten zwischen den beiden Landsleuten Zuccalli und Viscardi, so dass sich Viscardi beschwerte, dass »...ich auf alle mögliche Weiss meine Pflicht gemäss zu beobachten auf kein Weiss manguieren wollte, so mit nit deroselben Hofcammerath und Oberarchitetto Heinrich Zuccally forderist zu Euer churfürstlichen Durchlaucht Selbst nit geringem nachtheil, als auch zu mehrer meiner Verschimpfung, die Händt gepundten hielte, indem Er allen Maistern, Pallieren und Uebersteher austrückhlich verpotten, mir im geringsten einige Parition zu laisten.« Auch solle die »gewonliche wochentliche Pauabredung nit mehr in Zuccalys Wohnbehausung« stattfinden. Zuccalli wehrte sich mit öffentlichen Anschuldigungen, doch Max Emanuel bestätigte Stellung und Rang Viscardis als Hofbaumeister.

1701, nach der Rückkehr Max Emanuels aus den Spanischen Niederlanden, wurde mit den Umbauarbeiten von Nymphenburg begonnen. Zur besseren Belichtung des Großen Saales wurden auf beiden Fassadenseiten drei große Rundbogenfenster herausgebrochen, akzentuiert durch darüberliegende querovale Fenster. So distanzierte man sich von der monotonen Fenstergliederung des Baralli-Baus und im Gegensatz zu dem üblichen geschlossenen Schlossriegel gewährte der nun transparente Bau Durchblicke vom Ehrenhof zur Gartenseite (siehe S. 37). Die Fassade der Stadtseite geht auf einen Entwurf Joseph Effners zurück, der ab 1714 die einfache Lisenengliederung Zuccallis durch Pilaster und Stuckornamente ersetzte. Die vier seitlichen Fensterachsen wurden in eine dreiachsige Gliederung umgewandelt. Leo von Klenze hat schließlich, dem klassizistischen Geschmack entsprechend, diese Gestaltung modifiziert und ein umlaufendes Kranzgesims angebracht.

München, Nymphenburger Schloss, Gartenseite.

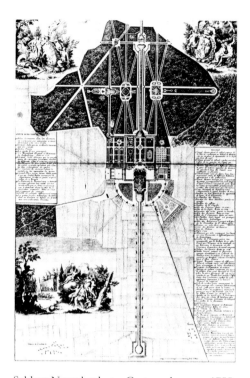

Schloss Nymphenburg, Gartenanlage um 1755. Die Gestalt des weitläufigen Schlossparks in seiner Gesamtentwicklung ist eines der Hauptwerke der europäischen Gartenkunst: Das an das Schloss angrenzende symmetrische Gartenparterre italienischer Prägung wurde von Zuccallis Nachfolger Effner im französischen Stil umgestaltet.

Schloss Nymphenburg, Gesamtanlage im 19. Jahrhundert. Um 1800 war Friedrich Ludwig von Sckell mit der Umgestaltung des weitgehend barocken Schlossparks zum englischen Landschaftsgarten beauftragt. Dieser Eindruck bietet sich dem Besucher Nymphenburgs heute noch.

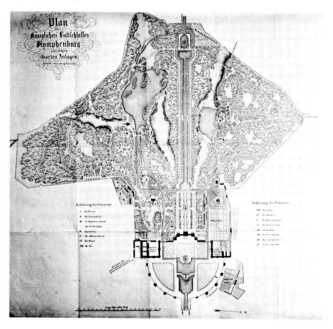

1702 nahm die Bauleitung die erste Schloss-erweiterung nach dem ursprünglichen Entwurf in Angriff. Wie in dem sog. Pariser Plan erläutert, schloss man an den vorhandenen Mittelbau Verbindungsgalerien und Pavillons an und lagerte diesen wiederum zwei Pavillons versetzt vor, wodurch zur Stadtseite hin ein weitläufiger Ehrenhof entstand.

HENRICO ZUCCALLI könnte von der Pavillonarchitektur des holländischen Schlosses Het Loo von Wilhelm III. von Oranien, dem wichtigsten Verbündeten Max Emanuels, angeregt worden sein, da er 1693 zu einer Studienreise nach Holland aufbrach. Deswegen wird angenommen, der Gesamtentwurf stamme von ihm.

Die Flucht Max Emanuels aus Bayern infolge des Spanischen Erbfolgekriegs brachte wieder alle Bauarbeiten zum Erliegen. Erst 1714 erfolgte gegen Ende seines Exils die zweite Schlosserweiterung, die die nach Plänen des neuen Hofbaumeisters Joseph Effner begonnenen Bauteile vollendete und weitere großräumige Trakte anfügte.

Der Schlosspark ist eines der Hauptwerke der europäischen Gartenkunst und erzählt von der spannungsvollen Entstehungsgeschichte. Dem Schlossbau des späten 17. Jahrhunderts war zunächst ein ummauertes Gartenparterre italienischer Prägung vorgelagert. Anfang des 18. Jahrhunderts musste hier wie in der Architektur der italienische Geschmack der französischen Mode weichen: Charles Carbonet entwarf neben der Ost-West-Mittelachse ein geometrisches Wegesystem, dessen Sichtschneisen auf den zentralen Schlossbau bezogen waren. Nach 1714 wurde der Park durch den bei André Le Nôtre ausgebildeten Dominique Girard unter großem Anteil von Joseph Effner weiter ausgestaltet. Der Kurfürst ließ Lustschlösschen mit eigens zugeordneten Parterres errichten, die durch Alleen miteinander verbunden waren. Unter Kurfürst Max IV. Joseph begann ab 1799 Friedrich Ludwig von Sckell mit der Umgestaltung des Schlossparks zum englischen Landschaftsgarten. Er kombinierte axiale Grundformen mit »freier Landschaft«, die aus Seen, Hügeln und Wiesen bestand.

Schloss Nymphenburg, Gemälde von Canaletto, um 1750.

Seit seiner Entstehung wurden in Nymphenburg unzählige Feste gefeiert; das Schloss war beliebter Veranstaltungsort für Geburtstagsfeierlichkeiten und Hochzeiten. Kaum ein Staatsgast hatte den Münchner Hof verlassen, ohne ein Fest in Nymphenburg erlebt zu haben, sei es eine große Hofjagd, eine Gondelfahrt auf den Kanälen mit Feuerwerk, ein Schauspiel, ein Konzert, einen Ball oder ein Pferderennen. Der Aufwand, mit dem solche Feste begangen wurden, muss immens gewesen sein: Der eigene Hofstaat, ohne Gäste, umfasste annähernd 4000 Personen; bei einem kleinen Essen wurden 50, bei einem Galadiner 100 verschiedene Speisen aufgetragen. Ein zeitgenössischer Bericht des Franzosen Pierre de Bretagne von 1722 schildert die illustren Festivitäten:

»Als die Hochzeitsgäste gegen Abend des 19. Okt. 1722 in vielen sechsspännigen Karossen von der Stadt heranfuhren, erstrahlte ganz Nymphenburg in feenhafter Beleuchtung. Auf dem kurzen Kanal vor dem Schlossplatz schwammen und brannten zu bayerischen Rauten geordnete Holzklötze, an der Kaskade sogar in Form zweier Löwen mit Kurfürstenhut. Zwischen den Linden der Allee vor und hinter dem Schloss hingen unzählige Lampen. Alle Rabatten in den Parterres waren mit Lichtern nachgezeichnet, Schloss und Treppen bildeten ein Lichtermeer; die Flora und alle übrigen Figuren waren besonders erleuchtet. Es ist so hell gewesen, dass man hätte meinen können, es scheinte die Sonne: Hinter der Kaskade am Ende des Parkes schimmerte ein dreifacher Triumphbogen. Langsam fuhren die Gäste auf beiden, ebenfalls erleuchteten Kanalseiten darauf zu, von einem auf dem Wasser schwimmenden und brennenden Mont Parnasse begleitet. Von versteckten Orchestern erklangen Musik und Chöre. Vor der Kaskade kreuzten sich die Wagenreihen, so dass Damen und Herren sich begrüßen und die Wasserkünste betrachten konnten. Dann fuhr man zurück ins Schloss zum Souper en public, mit Musik im Großen Saal. Anschließend Ball, unter großem Zulauf aus allen Schichten…«

Bonn, ehem. Schloss, Südfassade. Ein Grund für den schlichten Entwurf HENRICO ZUCCALLIS soll der Geldmangel des Bauherrn gewesen sein: Der Auftraggeber war Fürstbischof Joseph Clemens, der Bruder des bayerischen Kurfürsten Max Emanuel.

Exkurs: Bonn
Ehem. Schloss, heute Universität

Zwischen 1693 und 1699 sind vier längere Aufenthalte HENRICO ZUCCALLIS in Brüssel zu verzeichnen, die ihn einmal sogar ein ganzes Jahr von den Münchner Baustellen fernhielten. Während seiner Abwesenheit vertrat ihn sein Konkurrent GIOVANNI ANTONIO VISCARDI. Max Emanuel, der als Gouverneur der Spanischen Niederlande von 1692 bis 1701 außerhalb Bayerns weilte, holte seinen Hofbaumeister Zuccalli zu sich nach Brüssel, damit dieser die Umbauarbeiten seiner Wohnräume in der Statthalterresidenz leiten konnte. Zuccalli fertigte in jenen Jahren auch Pläne für das nahe gelegene Jagdschloss Bouchefort an; obwohl Max Emanuel die Entwürfe gut gefielen, wurde das Projekt nicht realisiert.

Zuccalli besichtigte auf Anweisung seines Auftraggebers die dortigen Sehenswürdigkeiten und machte sich im Hinblick auf die Münchner Schlösser mit dem perfekten holländischen Wasser- und Kanalsystem vertraut. In jenen Jahren war Zuccalli auch für den jüngeren Bruder Max Emanuels, den Kölner Fürstbischof Joseph Clemens, tätig. Dieser war 1694 Bischof von Lüttich geworden und beauftragte nun Zuccalli, Umbaumaßnahmen an der dortigen Bischofsresidenz durchzuführen. Auf der zu dieser Zeit nicht ganz ungefährlichen Kutschfahrt von Brüssel nach Lüttich wurde Zuccalli einmal von »Franzosen überfallen und gewaldtthettig angegriffen«; »die Ihme dann alles das seinige waß er an Gelt, Klaidung und zu dessen khunst vonnetten auch bey sich gehabt, abgenommen«.

Kaum war das Bauprojekt in Lüttich abgeschlossen, erhielt HENRICO ZUCCALLI den zweiten größeren Auftrag von Fürstbischof Joseph Clemens, das 1689 durch brandenburgische Truppen zerstörte alte Schloss in Bonn zu erweitern und umzubauen. Die Grundsteinlegung erfolgte im Jahr 1697; ausführender Baumeister in Lüttich wie in Bonn war ANTONIO RIVA, der frühere Polier und Schüler Zuccallis. Voraussetzung für den Schlossumbau war die Verwertung der alten Bausubstanz sowie die Integration der Hofkapelle. Zuccalli ließ den weitgehend erhaltenen West- und Nordtrakt wiederherstellen. Den Südflügel plante er als 29-achsige Fassadenfront, die von hohen Eckpavillons mit Turmaufsätzen begrenzt wurde. Der oberitalienisch geprägte Fassadenentwurf, bestehend aus Sockelgeschoss, Hauptgeschoss mit alternierenden Fenstergiebeln und darüberliegendem Mezzaningeschoss, war noch schlichter und regelmäßiger, als es die heutige Erscheinung zeigt.

Die politischen Wirren veranlassten Joseph Clemens jedoch, in aller Heimlichkeit 1702 aus Bonn in die Niederlande zu fliehen. Die Bauarbeiten stagnierten. Erst nach 1715 vollendete Zuccallis Nachfolger am Bau, der Pariser Robert de Cotte, die Vierflügelanlage, indem er die Fassaden leicht variierte und einen modernen Nordtrakt im Geiste Zuccallis hinzufügte.

Ansbach
Residenz

Im Zuge der barocken Umstrukturierung der mittelalterlichen Stadt Ansbach wurde der 23-jährige GABRIEL DE GABRIELI erstmals 1694 von Wien nach Ansbach berufen. Er hatte sich als führender Architekt und Verwandter der Familie Zuccalli einen guten Ruf in der kaiserlichen Hauptstadt erworben. Erste Pläne für den Umbau der Residenz Ansbach sind aus dieser Zeit erhalten. In der Regierungszeit von Markgraf Wilhelm Friedrich (reg. 1703–23) stand ab 1705 der Ausbau des Stadtschlosses zur fürstlichen Residenz im Zentrum der Bauaufgaben. Der Bauherr gab eine repräsentative Anlage in Auftrag, die den Schlössern anderer Fürsten in nichts nachstehen sollte. Gabrieli, der 1709 zum Hofkammerrat und Baudirektor ernannt wurde, blendete dem aus dem 16. Jahrhundert stammenden südöstlichen Trakt der Vierflügelanlage eine Schaufront mit 21 Fensterachsen vor. Über den zwei bossierten Sockelgeschossen liegen zwei Hauptgeschosse, die in Anlehnung an den Wiener Palastbau von einer kompositen Pilasterordnung zusammengefasst werden. Die Figurenbalustrade schließt die Schauseite wirkungsvoll ab. Gabrielis Architektursystem der Fassade und des Arkadenhofs wurde von seinen Nachfolgern auf die übrigen Trakte übertragen.

Ansbach, Residenz, Südostfassade. GABRIEL DE GABRIELI orientierte sich an der zeittypischen römischen und Wiener Palastfassade.

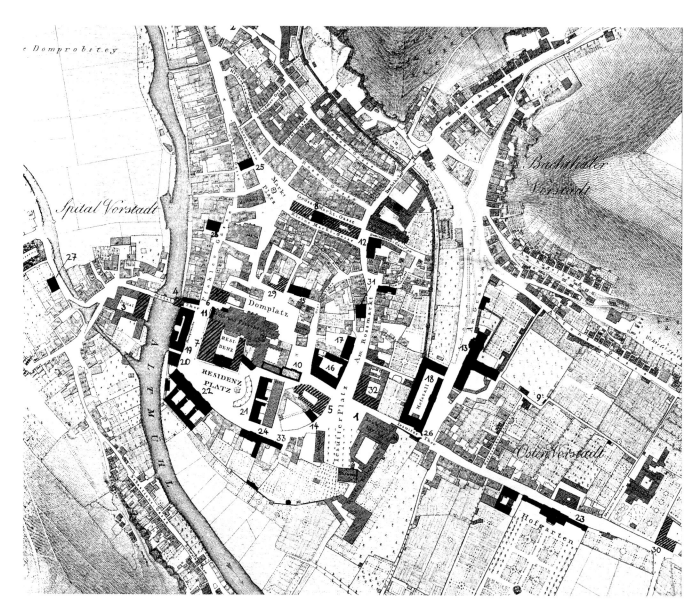

**Eichstätt, Katasterplan von 1817 (Detail)
mit Kennzeichnung der Bauten von**

▨ **Jakob Engel**
■ **Gabriel de Gabrieli**
□ **Domenico Barbieri**

1	Jesuitenkirche	17	Domherrnhof Ostein
2	St. Walburg	18	Hofstallungen
3	Hl.-Geist-Spital	19	Hofkanzlei
4	Spitaltor	20	Generalvikariat
5	Ulmer Hof	21	Kanonikerhöfe
6	Präsidentenhof	22	Kavalierhöfe
7	Fürstbischöfliche Residenz	23	Fürstbischöfliche Sommerresidenz
8	Wohnhaus Gabrielis	24	Domherrnhof Dietrichstein
9	Ostenfriedhof, Grabmal Gabrielis	25	Stadtpropstei
10	Domkapitelrinkstube	26	Ostentor
11	Dom-Westfassade	27	Wohnhaus Gulden
12	Oberstjägermeisterei	28	Wohnhaus Pfahlstraße 25
13	Klosterkirche Notre Dame du	29	Domherrnhof Speth
	Sacre Cœur	30	Domherrnhof Speth
14	Domherrnhof Welden	31	Domherrnhof Eberstein
15	Domherrnhof Freyberg	32	Dompropstei
16	Domherrnhof Schönborn	33	Domherrnhof Ulm

Der Wiederaufbau Eichstätts als barocke Residenzstadt

Seit Mitte des 16. Jahrhunderts entwickelten sich Eichstätt und Dillingen zu angesehenen Fürstenstädten - hier wurden nicht nur einzelne Baudenkmäler von Graubündner Meistern errichtet, sondern ganze Ensembles erdacht und in städtebauliche Konzeptionen eingepasst. In der Anfangszeit, um 1600, lassen sich nur vereinzelt namhafte Baumeister wie HANS ALBERTHAL und MARTIN BARBIERI in Eichstätt nieder; sie waren am Bau der Willibaldsburg, der Jesuitenkirche und am Benediktinerinnen-Kloster St. Walburg tätig. Aufgrund der politisch und geographisch begünstigten Situation des Hochstifts Eichstätt und dessen autonomem Charakter bestimmte die italienische Architektur der Misoxer Baukünstler von 1650 bis 1750 - länger als in anderen Orten - das städtische Bauwesen.

Die Zerstörungen des Dreißigjährigen Krieges in Eichstätt waren verheerend. Die Stadt wurde mehrmals von schwedischen Truppen gebrandschatzt; in einem »Extract aus dem Kriegsregister 1624-34« wird von einem der schlimmsten Überfälle berichtet: »...in welchem erbermlichen brand 444 häuser, 7 kirchen, 2 clöster, 5 thomherrnhöffe und das spittel ist alles verbrynnt worden«. Etwa 80 Prozent des damaligen Baubestands wurden zerstört. Durch den enormen Bevölkerungsschwund - Pest und Krieg dezimierten die Einwohnerzahl -, die desolate Wirtschaft und den Niedergang des regionalen Handwerks erholte sich das Eichstätter Bauwesen nur sehr langsam.

Die ersten höfischen Bauunternehmungen beschränkten sich auf die Wiederherstellung der Kirchen und der staatlichen Einrichtungen; so unterstützte man vor allem den Ausbau der Befestigungsanlagen der Willibaldsburg. Um den nur langsam vorangehenden Wiederaufbau der Bürgerhäuser zu fördern, versprachen Fürstbischof Marquard II. Schenk von Castell (reg. 1637-85) und sein Nachfolger Johann Euchar Schenk von Castell (reg. 1685-97) Steuererleichterungen und andere Vorteile: 1677 gewährte ein Dekret den Bauherren von mehrgeschossigen Häusern zehn Jahre Steuervergünstigung, bei einstöckigem Hausbau gab es vier Jahre. Für den Wiederaufbau von Häusern, die am Marktplatz gelegen waren und dadurch repräsentativen Charakter hatten, wurden 1685 sogar zwanzig Jahre Steuerfreiheit sowie kostenloses Bauholz gewährt. Alle Vergünstigungen galten von Baubeginn an und nicht erst »ab tempore der Cammin angefangen zu rauchen«. Fürstbischof Johann Martin von Eyb (reg. 1697-1704) verdoppelte das Angebot 1699 und auch sein Nachfolger Johann Anton I. Knebel von Katzenellenbogen (reg. 1705-25) unterstützte den Wiederaufbau der Stadt Eichstätt, der im Wesentlichen in den Händen der Graubündner lag. Einheimische Handwerker hatten gegenüber den »allhie dermahlen in zimblicher Anzahl anweßendte fremdte unndt welsche Maurer« keinen leichten Stand: In der Zunftordnung wurde festgelegt, dass einer der beiden Maurermeister, die mit einem Zimmermann und einem Steinmetzen dem Handwerk vorstanden, ein »welscher« sein musste. Während sie sich mit nur einem Lehrling zufrieden geben mussten, durften die Misoxer »sovil Lehrjungen, als vil deren sye vonnöthen« auf die Baustellen nehmen.

Die ehemalige fürstbischöfliche Hofkanzlei (19), erbaut von Gabrieli 1728, gegenüber dem Westflügel der Residenz. Detail aus der »Eigentlichen Verzeichnung der Gegend und Prospecten« von Johann Baptist Homann, Nürnberg, 1730.

Eichstätt, Residenzplatz, Ansicht gegen Westen: Links die einheitliche Front der Kavalierhöfe (22), die in enger Korrespondenz zum gegenüberliegenden Südflügel der Residenz stehen. Das anschließende ehemalige Generalvikariat (20) schuf Gabrieli im Auftrag von Fürstbischof Schenk von Castell als Wohnstätte für dessen geistlichen Stellvertreter.

Residenzplatz, Kupferstich nach einer Zeichnung Mauritio Pedettis. Pedetti stammte aus Como, war Gabrielis Nachfolger und somit ein weiterer »welscher« Baumeister im Amt. Er stattete den Platz von 1776 bis 1780 mit einem großen Brunnen und einer 22 Meter hohen Mariensäule aus.

Eichstätt, fürstbischöfliche Residenz, Südflügel (7). Der von Gabrieli 1725–27 errichtete Trakt schloss die Dreiflügel-anlage der Residenz. Die dreigeschossige Fassade hält sich an die schlichte Architektursprache Engels. Der Mittelrisalit mit Kolossalpilastern, Dreiecksgiebel und Balkon stammt von Mauritio Pedetti, 1791.

Der Residenzplatz

Der Wiederaufbau Eichstätts als barocke Residenzstadt muss in Zusammenhang mit der Macht seiner Bischöfe gesehen werden, die durch zahlreiche Prachtbauten reprä-sentiert wird. Der Residenzplatz mit seinem festlich höfischen Charakter spiegelt unver-ändert den barocken Geist wider. Anlass zur Neugestaltung war die Rückkehr des Fürstbischofs von der Willibaldsburg in die Stadt. Die Lage der beiden Residenztrakte von Hofbaumeister JAKOB ENGEL (1632–1714) war durch den mittelalterlichen Dom vorbestimmt; sein Nachfolger GABRIEL DE GABRIELI (1671–1747) erweiterte den Bau durch den rechtwinklig anschließenden Südflügel und baute den Platz in Dreiecks-form aus. Die Straßenzeile der Amts- und Wohngebäude (22) im Südwesten folgt dem Lauf der Altmühl. Im Osten wird der Platz durch den fürstbischöflichen Getreidekas-ten und die Kanonikerhöfe (21) begrenzt.

Südflügel der Residenz, Detail. Der Eckerker ist ein für JAKOB ENGEL typisches Architekturmotiv.

Eichstätt, Kavalierhof, Residenzplatz 8, Detail der Fassade: Hermenpfeiler im Herkulesgewand stützen die Portalarchitektur mit geschweifter Bedachung. Die Herme — halb Gestalt eines kraftvollen Mannes, halb eines Pfeilers — ist ein beliebtes Motiv der Renaissance und des Barock. In den stuckierten Kartuschen über der Türe erscheint das Wappen des Auftraggebers, des Fürstbischofs Franz Ludwig Schenk von Castell.

Kavalierhof, Residenzplatz 10. Mit der barocken Straßenzeile der Kavalierhöfe (22) schuf GABRIEL DE GABRIELI von 1730 bis 1736 die südliche Begrenzung des Residenzplatzes. Die sog. Ministerhöfe wurden ehemals vom Obersthofmarschall, dem Oberststallmeister, dem Landvogt und von fürstlichen Gästen bewohnt. Die vier zusammenhängenden Höfe verfügen über insgesamt 28 Fensterachsen und ein durchgehendes Mansarddach. Sie zeichnen sich alle durch flache Mittelrisaliten, Zwerchgiebel und ähnlich gestaltete Hermenportale aus. Gabrieli gestaltete die Kavalierhöfe gleichrangig und als architektonisches Gegengewicht zur Residenz vis-à-vis; mit dieser Gebäudereihe vollendete er die Bebauung des barocken Residenzplatzes.

Rechts: Eichstätt, Kavalierhof, Residenzplatz 6, Detail der Fassade. Das mittlere Fenster ist besonders hervorgehoben durch die wellenförmige Giebelverdachung und die Stuckdekoration, die auch die gesamten Fensterfaschen ziert.

Unten: Ehem. Domherrnhof Pfürdt, später Domdechantei, Residenzplatz 14. 1727–29 errichtete Domenico Barbieri den »Palazo Dell Grand Decano« als dreigeschossigen Traufseitbau mit Zwerchgiebel und Stuckfassade über mittelalterlichem Gebäudekern.

Städtebauliche Blickpunkte

In Eichstätt fallen gehäuft markante Baudenkmäler profaner und sakraler Art an städtebaulich exponierter Lage auf.

Bischof Johann von Westerstetten ließ die Jesuitenkirche für den 1614 nach Eichstätt berufenen Jesuitenorden errichten. Ausführender Baumeister war – wie in Dillingen – HANS ALBERTHAL; er baute nach Plänen des Jesuitenpaters Jakob Kurrer von 1617–20. Der Bischof engagierte sich sehr für die Wandpfeilerkirche, da er »nicht nur alle Auslagen selbst bestritt, sondern auch alle Mühe um den Bau auf sich nahm und so die Patres von aller Sorge um das Geld und die Handwerksleute befreite.« Die großflächige Fassade in Putz und Haustein zeichnet sich durch einen großen Schweifgiebel, runde Fenster zur Belichtung und toskanische Doppelpilaster kolossaler Ordnung aus.

Entscheidend für den Verlauf der Karriere GABRIEL DE GABRIELIS waren die bedeutenden Bauaufträge aus dem Eichstätter Domkapitel; dieses hatte die amtliche Bewerbung des Bündners schon 1702 befürwortet, ihn aber erst 1714 zum Hofbaumeister ernannt. Die adeligen Domherren, denen vom Domkapitel kostenloses Baumaterial genehmigt wurde, zogen gerade für ihre Domherrnhöfe den neuen »welschen« Baumeister heran. In seiner Anfangszeit in Eichstätt baute Gabrieli von 1715–17 den Domherrnhof Welden. Die schmale Fassade ist durch vier ionische Pilaster gegliedert, über die Querbänderungen hinweglaufen. Über dem Kranzgesims erhebt sich ein Giebelaufsatz, dessen Ausschwünge in Voluten enden. Gabrieli führte eine Novität in die Baukunst ein, indem er dem Profanbau durch die Kolossalpilasterordnung Würde und Größe verlieh, wohl auch in Anspielung an die gegenüberliegende Fassade der frühbarocken Schutzengelkirche, die sein Landsmann HANS ALBERTHAL errichtete.

Oben: Eichstätt, Schutzengelkirche.

Unten: Eichstätt, ehem. Domherrnhof Welden, Ostfassade.

Oben: »Hochfürstlicher Eichstättischer Residenzplatz«, Radierung nach Mauritio Pedetti, um 1780. Die der Dom-Westfassade vorgeblendete Schauseite GABRIEL DE GABRIELIS steht fast bündig mit dem Westflügel der Residenz JAKOB ENGELS. *Unten*: Eichstätt, Blick auf die Westfassade.

Fürstbischof Johann Anton I. Knebel von Katzenellenbogen wollte bereits 1708 den »unförmblichen und finsteren« Willibaldschor umbauen lassen. Doch erst 1714–18 konnte sein Anliegen als Dank für das Ende des Spanischen Erbfolgekrieges von Hofbaumeister GABRIEL DE GABRIELI realisiert werden, der sich mit diesem Auftrag im Eichstätter Baugewerbe etablierte. Die triumphale Dom-Westfassade ist städtebaulich auf den Stadteingang, die Spitalbrücke, ausgerichtet und sollte den Pilger zu dem Heiligtum des Diözesanpatrons Willibald hinführen. Die auf gesockelten Doppelpilastern ruhende, hoch aufragende Attikabalustrade trägt als gewölbter Diadembogen Madonna und die Bistumsheiligen.

Die kraftvolle Architektur der Dom-Westfassade ist nur ein einzelnes hervorragendes Beispiel für die einzigartige städtebauliche Gesamtkonzeption der barocken Residenzstadt Eichstätt.

Oben: Salzburg, Kajetanerkirche, Ansicht der Fassade. *Unten*: Salzburg, Kirche und Kloster, Grundriss. Die Kirche ist ein aus Queroval mit Kreuzarmen bestehender Zentralbau, der in den symmetrisch angelegten Klosterkomplex integriert ist.

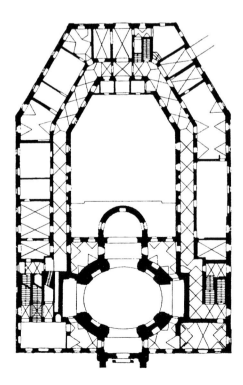

ÖSTERREICH

Palastkirchen in Salzburg
Kajetanerkirche St. Maximilian, ehem. Klosterkirche der Theatiner

GIOVANNI GASPARE ZUCCALLI kam nach Salzburg auf Empfehlung seines Verwandten Ferdinand Maria Zuccalli (um 1653–1720), der sich seit 1679 in München aufhielt. Dieser sollte später im Salzburger Theatinerorden selbst Propst werden. Die enge Verbindung zu dem erfolgreichen HENRICO ZUCCALLI war sicher begünstigend für die Einstellung Gaspares in die Dienste des Erzbischofs Max Gandolph Graf von Kuenburg. In dessen Auftrag entstanden zwei Palastkirchen, die die hoch barocke Architektur in Salzburg begründeten, den Zentralbau und römische Motive in Anlehnung an Bernini etablierten. Der Erzbischof schloss mit GIOVANNI GASPARE ZUCCALLI 1685 einen Bauvertrag, in dem u. a. stand, dass ein Kammerdiener Zuccalli helfen sollte, sich als Fremder in Salzburg einzuleben. Nachdem jedoch der Erzbischof Max Gandolph 1687 verstarb, verloren die Beteiligten ihren Förderer. So konnte die Innenausstattung durch die italienischen Stuckateure Francesco und Carl Antonio Brenno sowie Antonio Carabelli nicht fertig gestellt werden. Auch Zuccalli forderte sein Honorar, das ihm aber » in ansehnung das Gepeu nicht vollendet und daran sich nambhafte defectus zaigen« verweigert wurde. Der Nachfolger des Erzbischofs, Johann Ernst Graf von Thun-Hohenstein, übertrug zunehmend anfallende Bauaufträge dem römisch geschulten Johann Bernhard Fischer von Erlach (1656–1723).

Die Kajetanerkirche wird dominiert von der 35 Meter breiten, querovalen Tambourkuppel mit Laterne. Zwei dreiachsige, mit schweren, geschwungenen Volutengiebeln besetzte Seitengiebel flankieren den Mittelrisaliten, der von Vollsäulen gerahmt und von einem gesprengtem Segmentbogen überfangen wird. Dieses Motiv wiederholt sich in der Portalarchitektur des Kircheneingangs. Die Widmungsinschrift besagt: »Dem besten und größten Gott und den himmlischen Schutzherren Maximilian und Kajetan errichtete der Salzburger Erzbischof Kardinal Maximilian Gandolph [...] diesen hl. Tempel im Rohbau und anschließend ein Haus für Regularkleriker. Als der fromme Stifter durch frühzeitigen Tod dahingerafft wurde, vollendete die göttliche Vorsehung durch unbekannte Wohltäter das Bauwerk in dieser Form.«

Salzburg
St. Erhard

Die Erhardkirche (1685–89) ist der zweite überkuppelte Zentralbau des Graubündner Baumeisters in Salzburg. Es ist überliefert, dass GIOVANNI GASPARE ZUCCALLI im Auftrag des Domkapitels »nicht allein dieses neuerpauten Gotthauses Riß gemacht und das Modell angegeben, sondern auch disen mihsamben Pau in die 3 Jahr lang mit sonderbahren Fleiß und Theue dirigirt.«

Die am steilen Salzburger Nonnberg gelegene Erhardkirche kombiniert sowohl sakrale als auch profane Elemente: Der vorgelagerte, auf vier ionischen Säulen ruhende Portikus mit zweiflügeliger Treppe über einem hohen Sockelgeschoss erinnert unweigerlich an die Renaissance-Villen Palladios in Oberitalien. Die Seitenrisalite der breiten Fassade werden von gesprengten Giebeln überfangen; darüber erheben sich achteckige Turmgeschosse; die hohe Tambourkuppel bekrönt den Zentralbau.

Die augenfällige Verbindung zum römischen Barock und zur oberitalienischen Architektur, die sich auch an der Zweiturmfassade von Ettal und in Schloss Lustheim widerspiegelt, legt die Folgerung nahe, dass GIOVANNI GASPARE ZUCCALLI mit seinem Onkel Henrico in engem Austausch stand.

Salzburg, St. Erhard im Nonntal, Außenansicht.

Salzburg, Residenz, Konferenzzimmer, Stuckrelief von ALBERTO CAMESINA. Dargestellt ist eine Szene aus dem Leben Alexanders des Großen. Die zarte florale Rankendekoration geht teilweise in abstraktes Bandelwerk über, das Camesina zusammen mit dem Tessiner Santino Bussi um 1712 in Wien einführte.

Exkurs: Stuckateure

Den zahlreichen Misoxer Baumeistern stehen ungefähr vierzig erfolgreiche Stuckateure gegenüber, die sich im Ausland gegen die in diesem Handwerk etablierten Tessiner durchsetzen konnten. Sie wurden oft von den fürstlichen Auftraggebern zusammen mit den Baumeistern und Polieren, mit denen sie in engem Austausch standen, unter Vertrag genommen.

Die Entwicklung der Stuckateurskunst vom 17. bis zum 18. Jahrhundert reicht von geometrischen Rahmendekorationen über hoch barocke voluminöse Formenvielfalt hin zu leichten floralen Stuckaturen, die mit dem französischen Zeitgeschmack einhergingen. Die Misoxer Stuckateure galten als technisch höchst versiert, doch auch hier bildete sich der ihnen eigene, charakteristische Stil erst im Ausland.

Zentraler Ausgangspunkt für die im heutigen Österreich tätigen Stuckateure war Graz in der Steiermark; von dort zogen die Baukünstler an verschiedene Auftragsorte. In Graz gab es eine Bruderschaft – S. Francesco di Paola –, die die »welschen« Meister im Ausland vertrat.

ALBERTO CAMESINA, einer der wichtigsten höfischen Stuckateure, zog es nach Wien in den Umkreis des Tessiners Santino Bussi, der sein Lehrmeister war und in den neunziger Jahren des 17. Jahrhunderts den zarten »Rankenstil« in der Stuckatur eingeführt hatte. Camesina, der laut seiner Steuerlisten einen Großbetrieb führte und zahlreiche Arbeiten delegierte, weswegen sein künstlerischer Eigenanteil oft nicht festzulegen ist, wurde zusammen mit Bussi zum Hofstuckateur ernannt.

Den ersten Großauftrag verdankte ALBERTO CAMESINA Franz Anton von Harrach, dem Erzbischof von Salzburg, und dessen Architekten Lukas von Hildebrandt: 1710 stuckierte er acht Räume und die Hauskapelle im zweiten Stock der Salzburger Residenz. Anschließend sollte Camesina den Rittersaal samt angrenzender Raumflucht »auf die neueste Facon gleichwie die Rieß zeigen alles Fleisses außzuzieren und zu verförtigen.«

1726 stellte ALBERTO CAMESINA die Stuckdekoration der Sakristei und der Oratorien in der Wiener Karlskirche unter Leitung des Architekten Johann Bernhard Fischer von Erlach fertig. Die einfache und klare Ausgestaltung der Kuppeln richtet sich nach der vorhandenen Gewölbestruktur, ohne dass sich die Formen ineinander verschränken. Keiner der drei Söhne führte Camesinas Wiener Stuckateurbetrieb fort.

Wien, Karlskirche, Oratorienkuppel. Die Stuckaturen fertigte ALBERTO CAMESINA im Jahr 1726.

Wien, Stadtpalais Palais Kaunitz-Liechtenstein, Detail. Das am Minoritenplatz gelegene Seitenportal ist eine spätere Hinzufügung von Giovanni Giuliani.

Adelspalais in Wien
Stadtpalais Kaunitz-Liechtenstein

Der aus dem mährischen Landadel stammende Graf Dominik Andreas von Kaunitz stand seit 1682 als kaiserlicher Gesandter in engem Kontakt zum Münchner Hof. Bei seinem letzten mehrmonatigen Aufenthalt in der bayerischen Residenzstadt 1688 gewann er den dortigen Hofbaumeister HENRICO ZUCCALLI, der soeben das Schloss Lustheim fertig gestellt hatte, für zwei eigene höfische Bauprojekte: Graf Kaunitz beauftragte Zuccalli mit der Umbauplanung seines herrschaftlichen Landsitzes Austerlitz/Slavkov in Mähren und mit dem Neubau seines repräsentativen Stadtpalais in der Wiener Bankgasse.

Die Entwürfe Zuccallis für Schloss Austerlitz wurden im Gegensatz zum Wiener Palais nicht realisiert. Es ist nicht überliefert, ob Zuccalli beide Baugelände selbst begutachtete oder ob er seinen Polier schickte.

Als der Rohbau des Wiener Stadtpalais fast abgeschlossen war, übernahm im Auftrag des Grafen der seit 1690 in der kaiserlichen Hauptstadt tätige italienische Architekt Domenico Martinelli (1615–1718) die Bauleitung. Zuccallis Landsmann ANTONIO RIVA, der bis dahin den reibungslosen Ablauf der Bauarbeiten kontrollierte, konnte ein Jahr später noch die Maurerarbeiten bis in Traufhöhe abrechnen. 1694 gelangte der Rohbau in Besitz von Johann Adam Fürst Liechtenstein und Riva gab seine Position als Polier auf Anweisung Zuccallis an seinen Landsmann GABRIEL DE GABRIELI ab, der kurz zuvor nach Wien gekommen war. So konnten sie ihren Landsmann Gabrieli in fremden Diensten lancieren.

Zuccalli plante ein um einen quadratischen Hof angelegtes viergeschossiges Palais. Die repräsentative Palastfassade entwarf er in Anlehnung an den ab 1664 von Gianlorenzo Bernini erbauten Palazzo Chigi-Odescalchi in Rom: Über einem breiten rustizierten Sockelgeschoss erhebt sich ein mächtiger, von Kolossalpilastern gegliederter Mittelrisalit, der von einer Figurenbalustrade bekrönt und von zwei niedrigeren Seitentrakten flankiert wird. Aufgrund der nachträglichen Bauveränderungen gibt einzig dieser Entwurf Zuccallis dessen ursprüngliche Intention wieder. Der zweite Bauleiter Martinelli, der zuvor als Lehrer an der Accademia di San Lucca in Rom tätig war, wich bei der Fassadengestaltung und im Inneren etwas von Zuccallis Plänen ab.

Der bayerische Hofbaumeister HENRICO ZUCCALLI brachte mit seiner Palastfassade römische Motive nach Wien. Mit diesem Auftrag gelang es ihm erstmals, über die Grenzen des Wittelsbacher Kurfürstentums hinaus die Entwicklung der Wiener Barockarchitektur zu beeinflussen: Lukas von Hildebrandt und Johann Bernhard Fischer von Erlach übernahmen in ihrer Palastarchitektur entscheidende Stilmittel aus der Formensprache Zuccallis.

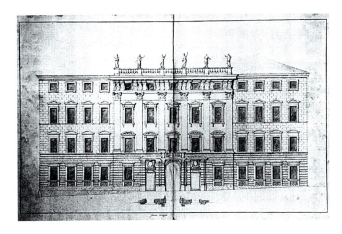

Fassadenentwurf HENRICO ZUCCALLIS für das Wiener Stadtpalais Kaunitz-Liechtenstein.

Wien, Palais Kaunitz-Liechtenstein, Treppenhaus. Die Plastiken stammen von Giulio Giuliani, der Stuck von Santino Bussi. Im Inneren wandte sich Martinelli gegen den Bau einer einläufigen Hauptstiege, die er im Sinne römischer Tradition als unwürdig erachtete.

St. Lambrecht, Klosteranlage. Der Stich von G. M. Vischer gibt eine topographisch genaue Ansicht des Stifts wieder.

Klöster in der Steiermark

Die Wahlheimat des Graubündner Architekten DOMENICO SCIASCIA war Österreich. Seine großen Bauprojekte waren weitläufige Klosteranlagen und lagen in der Steiermark. Lange Zeit lebte er aber in Niederösterreich: Erst im Jahr 1666 entschied sich Sciascia, sein Haus in Krems zu verkaufen und nach Graz zu übersiedeln.

St. Lambrecht, Stift von Osten.

St. Lambrecht
Stift und Klosterkirche

Im Jahr 1639 wurde DOMENICO SCIASCIA im Auftrag des neu gewählten Benediktinerabtes von St. Lambrecht, Abt Benedikt Pierin, in Lilienfeld aufgesucht. Schließlich bestellte man ihn von Göttweig nach St. Lambrecht, wo er den Umbau des Stiftes leiten sollte. 1640 schloss der »paumeister von Göttwein« einen Vertrag mit dem Abt, der einen Neubau des Klosters und eine Barockisierung der romanischen Stiftskirche von St. Lambrecht vorsah. Von diesem Projekt wurden jedoch lediglich der Chorumbau und die barocke Doppelturmfassade realisiert.

Bei der einheitlichen Fassadengestaltung der neu gebauten Klostertrakte orientierte sich Sciascia an den klassischen Architekturbüchern von Sebastiano Serlio: In seinem Nachlass befand sich eine Fachbibliothek; »alle größeren Werke der Architektur des 16. und 17. Säkulums italienischer Verfasser kommen darin vor.« Aus den Zahlungsbelegen geht eindeutig hervor, dass Sciascia Pauschalhonorare für die Bauleitung erhielt,

Wallfahrtskirche Mariazell. DOMENICO SCIASCIA erweiterte die Westfassade, indem er zu beiden Seiten des gotischen Turmes zwei barocke Türme errichtete. Die ungewöhnliche Konzeption stilfremder Elemente wirkt zunächst nicht unharmonisch.

wobei der Abt mit den Bezahlungen oft in Verzug geriet. Sciascia genoss hohes Ansehen, da er vom Abt dazu berufen wurde, ihn bei dessen Romreise 1652 zu begleiten. Sicherlich hat sich der Graubündner Architekt mit den barocken Bauwerken vor Ort vertraut gemacht und wichtige Anregungen für seine Baukunst gewonnen.

Mariazell
Wallfahrtskirche

1640 wurde DOMENICO SCIASCIA mit dem Umbau der mittelalterlichen Wallfahrtskirche von Mariazell in der Steiermark beauftragt. Mariazell war die letzte Station des Pilgerwegs von Wien über Lilienfeld nach Annaberg, Joachimsberg und Josefsberg sowie der bevorzugte Wallfahrtsort von Kaiser Ferdinand II.

Nach der Umgestaltung des dreischiffigen Langhauses, das in den Proportionen und Grundzügen weitgehend dem Vorgängerbau entspricht, erfolgte ab 1662 die Erneuerung der Westfassade. Die Lösung wur-

de nach ungewöhnlichen Prinzipien vollzogen: Der Ausbau zu einem dreiteiligen »Westwerk« war von Anfang an Bestandteil des Entwurfs, doch die frühen Pläne berichten von einer Barockisierung des gotischen Turmes in der Mitte, der von zwei neuen Turmkörpern flankiert werden sollte. In einer späteren Entwurfsphase ging Sciascia dazu über, dem Bau eine elliptische Tambourkuppel aufzusetzen, ein Querhaus einzurichten und den mittelalterlichen mit Fialen besetzten Turm in ursprünglicher Form zu belassen. Zu beiden Seiten erbaute er wohl proportionierte und klar gegliederte Türme, die den gotischen Bauteil einschlossen und die Mariazeller Fassade zu einer stattlichen Westfront erweiterten. Ehemals hoben sich die barocken Türme zusätzlich durch farbliche Differenzierung von dem gotischen Turm ab.

Der letzte Wille des 1679 verstorbenen Baumeisters DOMENICO SCIASCIA war, dass er in der Wallfahrtskirche von Mariazell begraben sein wollte: Über einen Zeitraum von 34 Jahren hatte er dort die Bauleitung innegehabt (siehe S. 25).

Leitmeritz/Litomerice, Bischofsresidenz, Ansicht der Südfassade. Den repräsentativsten Auftrag erhielt Giulio Broggio mit dem Bau der Leitmeritzer Bischofsresidenz, den er von 1684–94 ausführte. Charakteristisch für den am Abhang situierten und auf Fernwirkung angelegten Bau ist der eigenständige Mittelrisalit, in dem das Treppenhaus untergebracht ist.

BÖHMEN

Es ist bekannt, dass Baukünstler und Handwerker auf dem Weg zu ihrem endgültigen Auftragsort in Böhmen eine Vertiefung ihrer Ausbildung in anerkannten Kunstzentren wie München oder Wien erhielten. Aufgrund der großen Entfernung zu Graubünden und der Tatsache, dass die Magistri ihr Land in jungen Jahren verließen und sich im Ausland gesellschaftlich etablierten, brachen sie den Kontakt zur Heimat oftmals ab.

Nach dem Dreißigjährigen Krieg gab es auch hier die meisten lukrativen Bauaufträge, denn die Kulturlandschaft Böhmen mit dem Zentrum Prag hatte sehr schwere Zerstörungen zu verzeichnen: In der kleinen nordböhmischen Stadt Leitmeritz/Litomerice z.B. blieben von ungefähr 600 Bürger-

häusern nur 93 – etwa ¹/₆ unbeschädigt. Die Gründung eines Bistums im Jahre 1655 in Leitmeritz brachte – ähnlich wie im katholischen Eichstätt – Großaufträge mit sich. Diese Situation ließ die Anzahl der Zunftmitglieder ansteigen, wobei auch hier die »welschen« Bauhandwerker in der Gilde eine einflussreiche Rolle spielten.

Die meisten Misoxer Auswanderer arbeiteten als Maurer oder als ausführende Poliere in Böhmen; nur wenige haben sich einen Namen als entwerfende Architekten gemacht. Die Baumeisterfamilie Broggio, deren Herkunft aus Roveredo angenommen wird, hat die böhmische Barocklandschaft entscheidend geprägt. Giulio Broggio war als vermögensloser Geselle nach Nordböhmen gekommen; 1658 ist sein Ein-

trag in die Leitmeritzer Maurerzunft überliefert. Um die Jahrhundertwende vermachte GIULIO BROGGIO das Bauunternehmen
seinem 1670 in Böhmen geborenen und
aufgewachsenen Sohn Octavio/Oktavian,
der bereits vom Vater in das handwerkliche
Aufgabenfeld eingewiesen worden war und
eine ideale Ausgangsposition innehatte: Er
genoss die Kontakte, die sein Vater seit
vierzig Jahren geknüpft und gepflegt hatte.
GIULIO BROGGIO hinterließ 70 Bauten in
Böhmen, sein Sohn Octavio entwarf und
realisierte über 100.

Entscheidend für den Fortgang der
Karriere Octavios sind seine Kontakte nach
Prag und der einhergehende Entwurf für
das Trinitarierkloster mit der Heiligen Dreifaltigkeitskirche in der Spálénagasse der Prager Neustadt für den Grafen Putz von Ad-
lerthurn. Das zugrunde liegende Konzept
stammt trotz nachträglicher Veränderungen
und der Bauausführung durch Christoph
Dientzenhofer von dem aus Graubünden
abstammenden OCTAVIO BROGGIO.

Einer der größten Aufträge des Barockarchitekten war die Modernisierung des Zis-
terzienserklosters Osseg/Osek bei Teplitz.
Der Umbau der zugehörigen Konventkirche Maria Himmelfahrt fand ab 1711 statt.
Die dynamisch-plastische Fassade setzt sich
aus einzelnen Mauerkompartimenten zusammen; die »Nahtstellen« sind überlagert
von schräg gestellten Pilasterbündeln.

Während die Architektur seines Vaters
Giulio noch überwiegend den Idealen der
Renaissance verpflichtet ist, wagte OCTAVIO
BROGGIO den entscheidenden Schritt zum
Hochbarock. Es gelang ihm über seinen
Tod hinaus, die volkstümliche, regionale
Architektur stilistisch zu beeinflussen und
die nordböhmische Kulturlandschaft ent-
scheidend zu prägen.

Oben: Prag/Praha, Dreifaltigkeitskirche, erster Fassadenentwurf
von OCTAVIO BROGGIO, 1708. Die Fassade ist bis auf Details wie
die verzierten Voluten am Giebel klassischen Idealen verpflichtet.

Rechts: Osseg/Osek, Zisterzienserkloster, Ansicht
der Westfassade der Konventkirche Maria Himmelfahrt, ab 1711. Vergleicht man die beiden Fassaden, so fällt auf, dass sie zwar zeitlich dicht bei-
einander liegen, aber stilistisch weit voneinander
entfernt sind: Die eigenwillige Osseger Schauseite
ist schwungvoll-bewegt, die Prager eher statisch.

Krzysztopór, Ansicht des ruinösen Schlosses von Nordwesten. Das im norditalienischen Stil errichtete Kastell war – vor der Zerstörung – die größte Residenz vor Versailles in Europa. Das Schloss ist bis heute nicht wieder aufgebaut worden.

POLEN

Es waren überwiegend Tessiner Baukünstler, die in Zusammenarbeit mit Graubündnern und Lombarden die Architekturformen der Renaissance nach Polen brachten; und zwar früher als an anderen Orten in Europa. Während im 16. Jahrhundert und um 1600 zahlreiche Bündner Architekten, Baumeister, Bildhauer und Steinmetze in

Polen auftauchten, reduzierte sich deren Zahl bereits in der zweiten Hälfte des 17. Jahrhunderts wieder: Der 1586/91 im Misox erwähnte Bildhauer GASPARE FODIGA schuf manieristische Grabdenkmäler aus dem Marmorbruch von Checiny; JOHANN ZARRO/ZAOR aus Soazza baute in Krakau, Wilna und anderen Orten. Von Peter Krassowski, dem »Schweizer«, wird vermutet, dass er ein Graubündner war.

Die Hauptblüte der Misoxer Tätigkeit in Polen fällt in die Regierungszeit von König Ladislaus VI. (reg. 1633–48); sie spiegelt eine Rückkehr zur Epoche des Manierismus in Anlehnung an den römischen Architekten Matteo Castello (um 1560–1632), der 1613 nach Polen berufen wurde.

Herausragend für diese Zeit ist LORENZO DE SENES, genannt »Wawrzyniec Senes« (»Lorbeer-Senes«), der das Schloss Krzysztopór in der Nähe von Ujazd bei Sandomierz im Auftrag des Woiwoden Krzysztof Ossolinski baute. Die von 1631–44 errichtete Schlossanlage – seinerzeit die größte Residenz vor Versailles in Europa – wurde bereits 1655, elf Jahre nach Fertigstellung, von schwedischen Truppen zerstört. Die Ruine gibt noch einen Eindruck der ursprünglichen Dimensionen wieder. Das Kastell wurde von fünf Bastionen und dicken Umfassungsmauern umgeben.

Krzysztopór, Schloss, Hauptbau. Das zweite und dritte Geschoss ist durch Triumphbögen in Form von Serlianen gegliedert.

Das Schloss Krzyztopór hatte nicht nur einen ausgeprägten fortifikatorischen Charakter, sondern auch einen allegorischen: Die vier Türme sollten den Jahreszeiten entsprechen, die zwölf Flügel und Gebäudeteile den Monaten, die 52 Säle den Wochen im Jahr und die 365 Fenster der Anzahl der Tage im Jahr. Der Hauptbau des Schlosses war mit Familienahnenbildern und Tierkreiszeichen in Bezug auf das ruhmreiche Bestehen der Ossolinskis geschmückt.

Die in der Nähe von Krzyztopór gelegene Stadt Klimontów war in Besitz von dem Stiefbruder Krzysztofs, Jerzy Ossolinski (1595–1650). Er war 1633 Gesandter in Rom und hatte dort sicherlich die Kirche S. Andrea dei Palafrenieri von Vignola besucht, die in vorbildhafter Funktion für die 1643 begonnene Stiftskirche von Klimontów gesehen werden kann. Die über ovalem Grundriss mit Umgang errichtete Wandpfeilerkirche ist von Lorenzo de Senes vor 1643 entworfen worden. Der Architekt spielte mit italienischen manieristischen Formen und wandelte diese in origineller und phantasievoller Weise ab.

Da stilistische Parallelen zwischen osteuropäischen Bauwerken und z. B. den Kirchen in Dillingen oder Neuburg an der Donau zu verzeichnen sind, muss angenommen werden, dass Misoxer Baukünstler süddeutsche Baudenkmäler auf ihrer Durchreise gesehen haben. Vielleicht ist diese Tatsache aber auch einzig über das typische Stilempfinden und das gemeinsame Formgefühl der Graubündner Meister zu erklären: die Bildung einer eigenen Architektursprache im Zusammenklang mit ihrer südlichen Verbundenheit und der nördlichen Region.

Klimontów, Innenansicht der Stiftskirche. Reminiszenzen an den italienischen Manierismus stellen die in Wandnischen eingestellten Vollsäulen mit ionischen Kapitellen dar sowie die über den hohen Archivolten angebrachten übergroßen Konsolen der Emporenbalustrade.

Klimontów, Stiftskirche, Grundriss.

Inspirationsquellen aus der Renaissance

Wie alte Schriftstücke und Bücher beweisen, die in Häusern von Roveredo und S. Vittore aufgefunden wurden, haben Graubündner Bauhandwerkslehrlinge während ihrer theoretischen Ausbildung im Winter Zugang zu italienischen Bauformen über klassische Architekturtraktate erhalten.

Architekturtraktat des Vignola

Zu den Standardlehrbüchern der Misoxer Baukünstler zählten die sechsbändige »L'architettura« (Die Architektur) von Sebastiano Serlio, erschienen in den Jahren 1537–51 sowie die 1563 erstmals veröffentlichte »Regula delle cinque ordini d'Architettura«

Jacob Barozzi von Vignola, »Die bürgerliche Baukunst nach den Grundregeln der fünf Säulenordnungen«; deutsche Ausgabe.

(Bürgerliche Baukunst nach den Grundregeln der fünf Säulenordnungen) von Giacomo Barozzi da Vignola, genannt Vignola.

Serlio hat in seinem Traktat die ovale oder elliptische Form als Bauschema beschrieben, doch es war Vignola, der in der abendländischen Baugeschichte erstmals 1565 diese Konstruktionsmöglichkeit bei der römischen Kirche S. Anna dei Palafrenieri anwendete. Vereinzelt sind auch Romreisen der Misoxer überliefert, so dass sie sich selbst vor Ort Anregungen einholen konnten. So sind nicht nur von der Hauptgeneration der Misoxer Baumeister, HENRICO ZUCCALLI und GABRIEL DI GABRIELI, mehrmonatige Italienaufenthalte bekannt. Von DOMENICO SCIASCIA ist sogar dessen Plansammlung erhalten, die er in Rom vervollständigt hatte und u. a. eine eigenhändige Bauaufnahme von Borrominis S. Carlo alle Quattro Fontane wiedergibt. Wir kennen sogar seine umfangreiche Fachbibliothek, die er sich im Lauf seines Lebens angelegt hatte und in der »alle größeren Werke der Architektur des 16. und 17. Säkulums italienischer Verfasser« vorkommen.

Die Graubündner Architekten hatten gegenüber den einheimischen Baumeistern einen Vorteil, weil die Architekturtraktate erst spät ins Deutsche übersetzt wurden und außerhalb italienischsprachiger Regionen nicht erhältlich waren. Sie fanden in den Lehrbüchern, die dem oberitalienischen Cinquecento-Ideal verpflichtet waren, zur richtigen Zeit eine wichtige Inspirationsquelle für ihre Baukunst – eine Baukunst, die sich durch südliche Stilelemente in Verbindung mit zisalpinen Formen auszeichnet. Als um 1700 die Bücher endlich auf deutsch erschienen, hatte das höfische Interesse der absolutistischen Bauherren an italienischer Architektur weitgehend nachgelassen und das Phänomen der erfolgreichen Misoxer Baumeister wurde Historie.

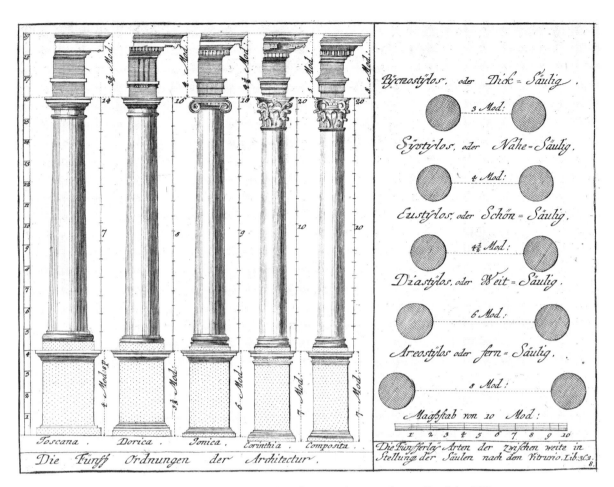

»Die Fünff Ordnungen der Architektur« aus dem Traktat des Vignola, erstmals veröffentlicht 1563.

»Ionisches Capiteel aus dem Grund aufgezogen«.   »Das Obertheil der Corinthischen Ordnung«.

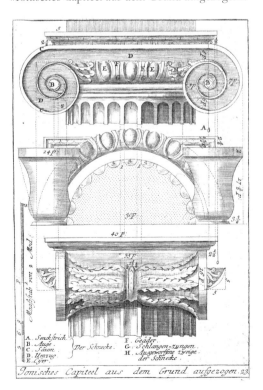

Allgemeine Literatur

BOLDINI, RINALDO, Misoxer Architekten und Baumeister in nordischen Ländern, in: Bedeutende Bündner aus fünf Jahrhunderten, Bd. 1, Chur 1970, S. 208–217

BÜHLER, ROMAN, Bündner im russischen Reich, Disentis 1991

HANKE, GEORG, Die großen Alpenpässe. Reiseberichte aus neun Jahrhunderten, München 1967

KÜHLENTHAL, MICHAEL (Hrsg.), Graubündner Baumeister und Stukkateure. Beiträge zur Erforschung ihrer Tätigkeit im mitteleuropäischen Raum, Locarno 1997

PFISTER, MAX, Baumeister aus Graubünden. Wegbereiter des Barock. Die auswärtige Tätigkeit der Bündner Baumeister und Stukkateure in Süddeutschland, Österreich und Polen vom 16. bis zum 18. Jahrhundert, Chur 1993

DERS., Die Graubündner Baumeister im Umfeld ihrer Region und Zeit, in: Graubündner Baumeister und Stukkateure, hrsg. von M. Kühlenthal, Locarno 1997, S. 27–33

REINLE, ADOLF, Zur architekturgeschichtlichen Stellung der Graubündner Barockbaumeister, Unserer Kunstdenkmäler XXIV, Nr. 4, 1973, S. 223ff

SANTI, CESARE, Die politische Situation im Misox vom 16. bis zum 18. Jahrhundert, in: Graubündner Baumeister und Stukkateure, hrsg. von M. Kühlenthal, Locarno 1997, S. 19–25

DERS., Emigrazione in Melsocina e Calanca, BSSI I–V, 1991

SCHNEIDER, ALFRED (Hrsg.), Melsocina – Calancatal, bearbeitet v. A. Ciocci, D. Peduzzi und R. Tamoni, Schweizer Heimatbücher 196, Bern/Stuttgart/Wien 1998, S. 63–114

SONDER, AMBROS, Kirchen und Kapellen an der Julierroute, Chur ²1998

WANNER, KURT, Der Himmel schon südlich, die Luft aber frisch. Schriftsteller, Maler, Musiker und ihre Zeit in Graubünden 1800–1950, Chur 1993

ZENDRALLI, ARNOLDO MARCELLIANO, Graubündner Baumeister und Stukkatoren in deutschen Landen zur Barock und Rokokozeit, Zürich 1930

DERS., Das Misox, Schweizer Heimatbücher Bd. 31/32, Bündner Reihe Bd. 1, Bern 1949

DERS., I Magistri Grigoni. Architetti e construttori, scultori, stuccatori e pittori – dal 16. al 18. secolo, Poschiavo 1958

ZORTEA, CLAUDIO, Graubünden im Spiegel der Reiseberichte, der landeskundlichen und topographischen Beschreibungen in der Zeit von 1800 bis 1850, Diss., Zürich 1987, S. 417–429

Künstlerbiographien

G. D. Barbieri

Giovanni Domenico Barbieri (1704–64). Un magistro roveredano in Baviera nel Settecento, Autobiografia e contabilità, a cura di Silvio Margadant, Poschiavo 1997

G. D. Gabrieli

Gabriel de Gabrieli. Fürstbischöflich Eichstättischer Hofbaumeister (1671–1747), hrsg. vom Diözesanbauamt Eichstätt, Katalog zur Ausstellung, Eichstätt 1997

PILZ, KURT, Der Architekt Gabriel de Gabrieli (1671–1747) in Ansbach und Eichstätt, in: Frankenland 11, Heft 3, 1959, S. 77–85

ZENDRALLI, ARNOLDO MARCELLIANO, Marginalia, intorno ai de Gabrieli di Roveredo, in: Quaderni Grigioni Italiani IV/2, Bellinzona 1935, S. 121–128

J. Engel

SCHMID, GABRIELE, Der Eichstätter Hofbaumeister Jakob Engel (1632–1714), Ein Beitrag zur süddeutschen Baugeschichte nach dem Dreißigjährigen Krieg, o. O. 1987

G. A. Viscardi

LIPPERT, KARL-LUDWIG, Giovanni Antonio Viscardi, 1645–1713. Studien zur Entwicklung der barocken Kirchenbaukunst in Bayern, München 1969

ZENDRALLI, ARNOLDO MARCELLIANO, I Viscardi di San Vittore, Edili, Magistrati e mercenari, Poschiavo 1954

G. G. Zuccalli

GU, CHIA-CHUN, Johann Casparo Zuccalli, Diss., Bochum 1987

H. Zuccalli

HEYM, SABINE, Henrico Zuccalli (um 1642–1724). Der kurbayerische Hofbaumeister, München/Zürich 1984

DIES., Henrico Zuccalli und der Kreis der Graubündner Baumeister am kurbayerischen Hof in München, in: Graubündner Baumeister und Stukkateure, hrsg. von M. Kühlenthal, Locarno 1997, S. 111–163

PAULUS, RICHARD A. L., Der Baumeister Henrico Zuccalli am Kurbayerischen Hofe zu München (1645–1713). Ein kunstgeschichtlicher Beitrag zur Entwicklung des Münchener Barock und beginnenden Rokoko, Strassburg 1912

Literatur zu den Baudenkmälern

Süddeutschland

GALL, ERNST (Hrsg.), Handbuch der Deutschen Kunstdenkmäler, Bd. IV. München und Oberbayern (Dehio-Handbuch), München/Berlin ⁴1990

Dillingen

HASCH, RUDOLF, Die Dillinger Akademiebauten, in: Schönere Heimat, 79. Jg., Heft 3, 1990

KESSLER, DANIEL, Der Dillinger Baumeister Hans Alberthal, in: Jahrbuch des Historischen Vereins Dillingen, LI, 1945/1949, S. 1–54

MEYER, WERNER/SCHÄDLER, ALFRED, Stadt Dillingen, Kunstdenkmäler Bayern, Schwaben, Band VI, München/Wien 1964

Kempten

KÜHLENTHAL, MICHAEL, St. Lorenz in Kempten: Giovanni Serro und Giovanni Zuccalli, in: Graubündner Baumeister und Stukkateure, hrsg. von M. Kühlenthal, Locarno 1997, S. 199–225

PETZET, MICHAEL (Hrsg.), Die Restaurierung der Basilika St. Lorenz in Kempten, Arbeitshefte des Bayerischen Landesamtes für Denkmalpflege, Band 72, München 1994

Tegernsee

LAMPL, SIXTUS, Die Klosterkirche Tegernsee. Maßanalytische Untersuchungen zum Bestand, zur Baugeschichte und zur Funktion, in: Oberbayerisches Archiv, Bd. 100, München 1975

Gmund

BOMHARD, PETER VON, Beiträge zum Werke des Graubündner Baumeisters Lorenzo Sciascia, in: Jahrbuch des Vereins für christliche Kunst, Bd. VIII, München 1974

Fürstenfeldbruck

Ehemalige Zisterzienserabteikirche Fürstenfeld, Schnell Kunstführer Nr. 6, München/Zürich ¹⁰1991

LIPPERT, KARL-LUDWIG, Giovanni Antonio Viscardi, München 1969, S. 76–126

Freystadt

DREXLER, JOLANDA/HUBEL, ACHIM, Regensburg und Oberpfalz (Dehio-Handbuch), München 1991, S. 162ff

LIPPERT, KARL-LUDWIG, Giovanni Antonio Viscardi, München 1969, S. 13–28

Ettal

HEYM, SABINE, Henrico Zuccalli, München/Zürich 1984, S. 88–98

HOFFMANN, RICHARD, Das Marienmünster zu Ettal im Wandel der Jahrhunderte, Augsburg 1927

KOCH, LAURENTIUS P., Benediktinerabtei, Pfarr-, Wallfahrtskirche Ettal. München/Zürich ⁵1988

München

BARY, ROSWITHA VON, Henriette Adelaide. Kurfürstin von Bayern, München 1980

HOJER, GERHARD, Die Münchner Residenzen des Kurfürsten Max Emanuel, in: Fürst Max Emanuel. Bayern und Europa um 1700, Bd. I, Katalog zu Ausstellung, München 1976, S. 142–170

HÜTTL, LUDWIG, Max Emanuel. Der Blaue Kurfürst. 1679–1726, München 1976

LIEB, NORBERT, Münchner Barockbaumeister. Leben und Schaffen in Stadt und Land, München 1941

PAULUS, RICHARD A. L., Max Emanuel und die französische Kunst, in: Altbayerische Monatsschrift II (1912), S. 130–145

Theatinerkirche

AUER, OTTO, Die Theatinerkirche St. Cajetan in München, o. J. (um 1956)

HEMMETER, KARLHEINZ, Bayerische Kulturdenkmäler im Zweiten Weltkrieg. Verluste – Schäden – Wiederaufbau, Arbeitshefte des Bayerischen Landesamtes für Denkmalpflege 77, hrsg. von M. Petzet, München 1995, S. 100

Dreifaltigkeitskirche

RAMISCH, HANS, Dreifaltigkeitskirche München, Schnell Kunstführer Nr. 27, Regensburg [5]1994

LIPPERT, KARL-LUDWIG, Giovanni Antonio Viscardi, München 1969, S. 29–58

Münchner Adelspalais

HEMMETER, KARLHEINZ, Bayerische Kulturdenkmäler im Zweiten Weltkrieg, Arbeitshefte des Bayerischen Landesamtes für Denkmalpflege 77, hrsg. von M. Petzet, München 1995, S. 155

Zwei Münchner Adelspalais. Palais Portia und Palais Preysing, mit Beiträgen von Gabriele Dischinger, Laurentius Koch und Robert Münster, München 1984, S. 13–85

Münchner Schloss- und Gartenanlagen

HEYM, SABINE, Henrico Zuccalli, München/Zürich 1984, S. 42–54

DIES., Henrico Zuccalli und der Kreis der Graubündner Baumeister am kurbayerischen Hof in München, in: Graubündner Baumeister und Stukkateure, hrsg. von M. Kühlenthal, Locarno 1997, S. 128–144

Schleißheim

HOJER, GERHARD/SCHMID ELMAR D., Schleißheim. Neues Schloß und Garten. Amtlicher Führer, München 1989

HUBALA, ERICH, Enrico Zuccallis Schloßbau in Schleißheim, Planung und Baugeschichte 1700–1704, in: Münchner Jahrbuch der bildenden Kunst, dritte Folge, Bd. 17, 1966, S. 161–200

PETZET, MICHAEL, Unbekannte Entwürfe Zuccallis für die Schleißheimer Schloßbauten, in: Münchener Jahrbuch der bildenden Kunst, III., Bd. 22, 1971, S. 119–204

SCHMID, ELMAR D., Schloß Schleißheim, München 1980

Lustheim

HOJER, GERHARD, Baugeschichte, in: Schloß Lustheim. Meißener Porzellansammlung, Stiftung Ernst Schneider, Führer durch die Schausammlungen des Bayerischen Nationalmuseums München, Filialmuseum Lustheim, 1972, S. 3–6

Nymphenburg

HAGER, LUISA, Nymphenburg. Amtlicher Führer, München 1960

SCHMID, ELMAR D., Nymphenburg, München 1979

Bonn

HEYM, SABINE, Henrico Zuccalli, München/Zürich 1984, S. 66f

Ansbach

BREUER, TILMAN, u.a., Mittelfranken (Dehio-Handbuch), München 1979, S. 28ff

EICHHORN, ERNST, Vom Anteil »welscher« Künstler an der Barockkunst Frankens, in: Erlanger Bausteine zur fränkischen Heimatforschung, Bd. 6, 1959, S. 127–157

FIEDLER, REMBRANT, Zur Tätigkeit des Baumeisters Gabriel de Gabrieli in Wien und Ansbach, Bamberg 1993

KREISEL, HEINRICH, Residenz Ansbach. Amtlicher Führer, München 1939

Eichstätt

BAUCH, ANDREAS, Schutzengelkirche Eichstätt, Schnell Kunstführer Nr. 606, München/Zürich [4]1978

BUCHNER, FRANZ XAVER, Ruinen, Not und Notverordnungen infolge des 30jährigen Krieges im Bistum Eichstätt, in: Sammelblatt des Historischen Vereins Eichstätt 48, 1933, S. 2–52

FIEDLER, REMBRANT, Der Residenzplatz in Eichstätt. Ein Beitrag zur Quellenkritik, in: Sammelblatt des Historischen Vereins Eichstätt 75, 1982, S. 179–210

DERS., Graubündner Bauleute im Hochstift Eichstätt, in: Graubündner Baumeister und Stukkateure, hrsg. von M. Kühlenthal, Locarno 1997, S. 227–292

MADER, FELIX, Stadt Eichstätt. Kunstdenkmäler in Bayern, Mittelfranken, Band I, 1924

RAUCH, ALEXANDER, Stadt Eichstätt (Denkmäler in Bayern, Band I,9/I), München/Zürich 1989

WERDEN, FERDINAND MARIA VON, Die Werke von Gabriel und Franz de Gabrieli in ihrer Bedeutung für das Stadtbild Eichstätts, in: Der Fränkische Bund 1, 1923/24, S. 314–326

Österreich

Salzburg

EBHARDT, MANFRED, Die Salzburger Barockkirchen im 17. Jahrhundert. Beschreibung und kunstgeschichtliche Einordnung, Baden-Baden 1975

EULER, BERND/ACKER-SUTTER, ROTRAUT, Salzburg. Stadt und Land (Dehio-Handbuch), Wien 1986, S. 148ff

FUHRMANN, FRANZ, Kirchen in Salzburg, Wien 1949

Kajetanerkirche Salzburg, Christliche Kunststätten Österreichs Nr. 105, Salzburg 1990

WEIDENHOFFER, HANSJÖRG, Giovanni Gaspare Zuccalli (um 1654–1717). Sein Leben und Zuschreibungen von Bauten in Salzburg und Bayern, in: Ars Bavarica, Bd. 61–62, München 1990, S. 29–78

ZUMPF, HUGO, Graubündner Baumeister und Stukkateure in Chiemgau und in Salzburg, in: Jahrbuch des Historischen Vereins für den Chiemgau zu Traunstein 1992, S. 26–32

Stuckateure

PFISTER, MAX, Baumeister aus Graubünden, Chur 1993, S.77–86

SCHEMPER-SPARHOLZ, INGEBORG, Graubündner Stukkateure in Österreich, in: Graubündner Baumeister und Stukkateure, hrsg. von M. Kühlenthal, Locarno 1997, S. 339–362

Steiermark

FIDLER, PETR, Domenico Sciascia und seine Landleute in Österreich und im Königreich Ungarn, in: Graubündner Baumeister und Stukkateure, hrsg. von M. Kühlenthal, Locarno 1997, S. 309–330

WOISETSCHLÄGER, KURT/HAJÓS, GÉZA, Steiermark (Dehio-Handbuch), Wien 1982, S. 269ff u. 315ff

ZENDRALLI, ARNOLDO MARCELLIANO, Graubündner Baumeister in Österreich, in: Österreichische Zeitschrift für Kunst und Denkmalpflege, 11. Jg., 1957, S. 97–101

Wien

HEYM, SABINE, Henrico Zuccalli, in: Graubündner Baumeister und Stukkateure, hrsg. von M. Kühlenthal, Locarno 1997, S. 145f

LORENZ, HELLMUT, Enrico Zuccallis Projekt für den Wiener Stadtpalais Kaunitz-Liechtenstein, in: Österreichische Zeitschrift für Kunst und Denkmalpflege, XXXIV, 1980, S. 16–22

Böhmen

ANKERT, H., Die Baumeisterfamilie Broggio, Mitteilungen des Vereins der Geschichte für die Deutschen in Böhmen, 40, 1902, S. 393–98

FRANZ, HEINRICH GERHARD, Bauten und Baumeister der Barockzeit in Böhmen, Leipzig 1962

MACEK, PETR, Giulio und Octavio Broggio. Zwei Baumeister und Architekten in Nordböhmen, in: Graubündner Baumeister und Stukkateure, hrsg. von M. Kühlenthal, Locarno 1997, S. 393–412

Polen

KARPOWICZ, MARIUSZ, Graubündner Baumeister in Polen, in: Graubündner Baumeister und Stukkateure, hrsg. von M. Kühlenthal, Locarno 1997, S. 371–391

PFISTER, MAX, Baumeister aus Graubünden, Chur 1993, S. 31–41

Abbildungsnachweis